聖經的女人故事

「肋」在其中

區曼玲 ———————————— 著

獻給

我的父母

不忘那加給我能力與力量的上帝

代序
填補歷史的空白

彭鏡禧
（國立台灣大學外國語文學系名譽教授）

二十世紀六〇年代，隨著女權運動的興起，有人創了herstory (her story) 一詞，以與history (his story) 抗衡。雖然英文history（歷史）這個字源於希臘文，與his其實毫無關聯，但過去歷史所呈現的幾乎都是從男性觀點出發，卻是事實；聖經的寫作也不例外。這種現象有其「歷史」因素，自不待言。

這種現象正在逐漸改變中。讀者手上這本書就是朝向這種改變的努力——不是重寫歷史，而是填補空白。

無論舊約或新約，聖經中出現了許多婦女。她們當中有些人的作為改變了人類的命運，例如亞當的妻子夏娃和耶穌的母親馬利亞，大家耳熟能詳。也有些人雖然甚至連名字都沒有，卻留下動人的故事，例如患血漏的女子和撒馬利亞女人。我們閱讀聖經，看到神蹟奇事發生在她們身上，可能會感受到神奇妙的作為，進而讚嘆神的慈愛與大能。然而，聖經裡對這些當事人本身的描繪，卻往往只用簡單幾筆交代；至於她們真實的感覺如何，寫作者留下了許多空白。

區曼玲女士這本書正好可以填補那些空白。曼玲本身是虔誠的基督徒，嫻熟經文與教義自然不在話下；她畢業於臺大外文系，後又留學德國攻讀戲劇學與英美文學，獲得碩士學位，故能從寬廣的人文視野觀察人物、深入剖析她們的心理，並以文學手法呈現。只看「『肋』在其中」的書名，就可以知道她在聖經與文學兩方面的造詣。

虔誠的信仰和巨大的愛心是曼玲這本書肥沃的土壤；聖經中的女人故事猶如種籽栽種其中，經過豐沛想像力的澆灌，成就了一片美麗繁茂的花園。曼玲善體神意，也善解人意；她以常帶感情的筆觸，流利地書寫女性纖細豐盛的思緒，既富創意，也有深度。收集在這本書的各篇，帶領我們進入聖經中許多重要女角的內心世界，分享她們的愛恨情仇、喜怒哀樂、愁苦疑懼——亙古以來的人性軟弱，並從中體悟到神的偉大設計與憐憫慈善。

這是一本值得細細玩味品嘗的書——無論你是不是基督徒。

2012年10月25日

如此遙遠，又如此貼近
——「肋」在其中觀後感

于禮本（國立台南藝術大學助理教授）

女人心，海底針。這是人間世代以來得到的結論。這或許其來有自，因為神用亞當的肋骨造了夏娃。因為最靠近心，所以敏感纖細；因為要保護心，所以堅韌持毅。柔軟身軀裡有著鐵骨意志，強悍外表下有著豐富情感律動。

本書透過親和的語言，讓那些聖經中看似遙遠陌生的女子們如此貼近今日生活。她們與神的互動，成為本書的串聯紅線，將年齡不同，背景各異的人物結集一堂。無論是健康或病殘，未婚、已婚、離異或守寡，貴為皇后或社會邊緣人，在今天的生活中，我們依然可見她們的影子；甚至，我們在這些女子身上看見自己的影子。古今相較，即便外在物質環境大有變遷，但人心內在的情感波動與反應並無不同。渴望不變，追尋不止。箇中故事如萬花筒中若干稜面，映照出神的豐富奇妙。透過她們的心聲，我們與其共鳴，玩味省思。

但別人的故事終究難在自己的生活中完整上演與落幕。畢竟個別滋味如人飲水，冷暖自知。有如遠道而來的示巴女王對所羅門王所說，「我在本國裏所聽見論到你的事、和你的智慧、實在是真的。我先不信那些話，及至我來親眼見了、纔知道人所告訴我的、還不到一半。你的智慧和你的福分、越過我所聽見的風聲。」（列王記上，第10章第7節）

在闔上最後一頁之後，帶著鼓勵或提醒，我們終須邁出自己的腳步，寫下自己與神的故事。

目次

新約

舊約

冀望重返伊甸園

——夏娃

爭吵是一種詛咒。

亞當剛從田裡耕種回來，汗流浹背，口中不停地嘟囔，說地上滿是荊棘雜草，不好做工。因為飢腸轆轆，看我尚未把晚餐準備好，他便大發雷霆。

爭吵，在以前是不曾有的；在樂園裡……，啊！伊甸園，我懷念的家鄉，現在回不去了，所以有爭吵、有怨懟。以前幸福快樂的美景，現在只惹來淚濕衣襟。

樂園已失去！一切都是因為我對上帝的質疑與反叛。

環顧四周，表面上沒有什麼太大的改變，但是實質上已相去甚遠。當年在伊甸園，我們沒有勞苦，擔憂或哀傷，一切是如此祥和安穩。上帝供給我們五穀，而且有美麗的樹木，香甜的果子，氣候合宜，溪流清澈。他並賜下蟲魚鳥獸跟我們作伴，讓我們管理。亞當和我之間沒有隔閡、爭鬥或猜忌，我們是彼此親密合作的伴侶。上帝是我們親愛的阿爸，我們享受著祥和、沒有懼怕的美好關係。那真是一個完美無瑕的世界。除了……，唉！那完美世界中唯一的不完美，是我不順服的心。

上帝早就告訴我們：「園子裡各樣樹上的果子都可以吃，只有分別善惡樹上的果子絕對不能吃，否則就會死！」亞當和我記住了。原本我們也沒有必要去碰那棵樹，園裡可以吃的東西那麼多，不缺那一棵的果子。只是上帝的禁令，讓那棵樹在樹林中顯得格外獨特，好像有什麼特別的魔力。我有時會在心裡思忖：為什麼園中唯獨那棵樹不許碰？善與惡是什麼東西？有這麼重要嗎？為什麼我們不能知道？難道它蘊藏著什麼秘密？

那天，正當我在園中散步，不知不覺走到那棵禁樹旁邊。抬頭望一望，樹葉正茂密，結實纍纍，在微風中搖曳。我想起了阿爸的吩咐，正要轉頭離開時，突然耳邊一個聲音說：「上帝真的不允許你們吃園中的果子嗎？」我回頭一看，是一條蛇。

「不是的！園中的果子我們都可以吃，只有這一棵樹上的果子是禁止吃的。連碰都不許碰，不然會死！」我回答，奇怪終於有人跟我討論起這棵樹來。

「沒的事！」蛇的表情高傲，語氣中帶著嘲笑。「不會死的！還是上帝聰明，他知道只要你們吃了那棵樹的果子，眼睛就會明亮，會知道善惡，跟他一樣了！」

我的心觸動了一下：這有可能嗎？我從來不去質疑阿爸的話，是不是太傻了？是啊！我怎麼知道阿爸的話一定是對的、一定會實現呢？

但是，轉念又想：阿爸一向不騙人，他總是慈祥和藹，應該不會對我們有任何敵意才對……。但是，但是，那棵樹究竟是怎麼回事？

就這樣，對上帝的懷疑與不信任在心中扎下了根，長久以來的疑問漸漸浮上檯面。我想：也許蛇說的對，其實一切都不如阿爸所說的那樣，可能他只想控制我們，不讓我們變得跟他一樣厲害，不希望我們的能力大過他。不然，他的地位當然就不保了！

愈想愈覺得自己有理、蛇的話可信。我甚至自作聰明地以為自己終於搞懂了！當下埋怨上帝：好一個謊言，說什麼不許吃！說什麼一吃就會死！死？死是什麼？還不都是你說的，我從來也沒見過！形容得那麼可怕，也許不過就是雞毛蒜皮，如此而已！而且我的名字不正是代表「生命」嗎?何來的死亡?我想阿爸整天閒來無事,嚇嚇我們,拿我們窮開心罷了!

瞧那些果子掛在樹上,嬌紅欲滴,味道一定跟其他的不一樣;一定特別好吃!而且最重要的,是吃了之後還會增長智慧,變得更聰明!不吃怎麼行?!再說,偷吃一次又會怎樣?阿爸就算知道了,也不致於不原諒我們吧?

不信嗎?我現在就摘下果子來試試看!反正阿爸不在,我不說,誰也不知道。

想到這兒,我的手不知不覺已經在半空中,朝樹上那最大、最紅的果子伸了出去。說時遲,那時快,一把將那個果子給摘了下來。而且一不做二不休,既然摘下來了,還不趕緊咬一口嗎?!

你看!蛇說的沒錯,正如我所料:我這不是仍然站得好好地,嘴裡還不停地嚼動,哪裡會死?!不過說實話,這果子的味道,並沒有什麼驚人之處啊!幹嘛搞得這麼神秘兮兮?

這時正好亞當走了過來,我也要他咬一口試試看。他原本還猶豫不決,一直惦念、擔心阿爸的禁令。我責罵他別那麼死心眼,反應慢,不知變通!同時在心裡偷偷自豪:阿爸說我應該當亞當的助手,真是沒錯!如果沒有我的幫助,他哪裡會知道這果樹其實沒有什麼奧祕,不過是阿爸設下的一個幌子。這個呆亞當,沒有我,還不知要笨到幾時?!

我故意表現出一副樂在其中的表情,嘴裡每咀嚼一口,就發出長長的讚歎聲。亞當敵擋不住好奇心的驅使,況且他看我好好地,也沒發生什麼事。終於他接過我手中的果子,張嘴咬了下去!

一向，亞當和我都是光著身子，我們輕鬆自在，享受著彼此的身體。亞當有著強健結實的體魄，而他也總是誇讚我的身材姣好，婀娜多姿。但是說也奇怪，才剛吃下那禁果，我看亞當的裸體就禁不住臉紅起來，亞當也不敢正眼看我。我們因著自己光溜溜的身體感到羞愧，只想找個東西來遮掩一下。

這是怎麼回事？我們心中充滿了莫名的不安。後來我才明白：那種感覺叫罪惡。原來以前我們只活在上帝的慈善中，不知道什麼是與「善」不相容的樣貌。現在我們長了智慧，認識的竟是自己的惡！

我們不配繼續住在伊甸園裡。奇怪的是：這點上帝不用說，我們自己已經隱隱感覺到了。以前和阿爸之間是如此融洽、無懼，吃下禁果後，我們不但沒有像蛇所說的，變得跟上帝一樣厲害，反而是更看清自己的不足與欠缺。所以當我們聽見上帝在園子裡走的時候，心裡一反常態，不再是以往的喜悅與歡迎，而是緊張與恐懼。亞當和我趕緊跑到樹林裡躲起來。

但是阿爸在聲聲呼喚：「亞當、亞當！你在哪裡？」

我們知道躲也沒用，只好硬著頭皮走出來。亞當老實說：「我聽見你在園子裡走，就很害怕，躲了起來，因為我赤身裸體。」

這下真的說溜了嘴了！赤身露體？害怕？我們向來都是這個樣子的，以前不覺得有何不當，只是現在眼開了，才知道羞慚。但是上帝怎麼會察覺不出來？他問道：「誰告訴你是光著身體的？你吃了禁果對不對？」

亞當慌了！他趕忙推卸責任：「是夏娃！是你給我作伴的那女人慫恿我吃的！」好傢伙！他不僅將責任推給我，還怪到上帝的頭上去！但是我也不是罪魁禍首啊！要不是蛇的引誘拐騙，我怎麼會去吃?!

我們在極力撇清責任的當兒，沒有人注意到上帝臉上展露的哀傷。多年之後，在回伊甸園的路被阻絕之後，我才刻骨銘心地知道：阿爸的面容，是我最深切的思念與想望。

上帝用獸皮遮蔽我們裸露的軀體。為著我們的不服從，害得必須有動物為我們犧牲，真是讓我難過不已。然後，就是我最害怕的事情：上帝將我們逐出伊甸園！

離開了阿爸的身邊，這些年來，亞當和我忙忙碌碌，必須辛勤地勞動，總有操不完的心，也老是為了生活起爭執。最糟糕的是，我們總是在善與惡，與各種不同的慾望間掙扎。原來，欺騙我的那條蛇就是撒旦的化身。沒錯！我們在吃了禁果之後，確實沒有馬上死亡，但是卻交出了生命的權柄給撒旦，讓他有權力來挾制我們。而這個惡勢力，正一步步帶領我們走向滅亡！

喔！天父阿爸啊！我真的需要你！我想起了阿爸在伊甸園裡關切的聲聲呼喚：「亞當、夏娃！你們在那裡？」阿爸不會丟下我們不管的！他一定會為我們安排一條救贖的道路。

我懷抱中的嬰孩就是最好的證明：上帝要我們延續下去，他不希望我們滅絕！這孩子是上帝的賞賜。雖然他懲罰我，讓我飽受懷孕的痛苦與生產的陣痛，但是孩子也帶來契機。上帝當初懲罰撒旦時就說：「這女人的後代將要打碎你的頭！」這是不是在說：撒旦不能永遠掌控我們的生命，死亡也不會是最終的結局?!

抓住這份應許，我想：也許，在遙遠的未來，我們還能重新來過。也許，返回伊甸園，不會是個遙不可及的夢想……！

（取材自創世記第3章）

Anna Lea Merritt, *Eve*, 1885

就是愛你
——莎拉

抖抖偌大的被褥，交給女僕扎捆。周遭的人都在忙著拆營，或是打點牲畜，準備移居到基拉耳。只有亞伯拉罕坐在一旁，眉頭深鎖，心事重重。我走過去，拍拍他的肩頭，以為他厭倦了長期遷徙的遊牧生活。

他抓住我的手，半聲不響，沈重的呼吸洩露出他的不安。突然他猛地抬起頭，像要吐出喉嚨裡的一塊石頭，用變了調的聲音說：「基拉耳王好美色，這回我們過去，莎拉妳……。」我不由得打了一個寒顫，一個不祥的預兆掠過心頭，握在他掌心的手想掙脫。亞伯拉罕不放鬆，語氣轉成哀求：「妳得再救我一次！」我轉身想逃，他繼續說著，聲音裡充滿無奈與歉疚：「別人若問起，請務必說妳是我的妹妹，否則他們會為了奪妳為妻，把我殺了！只有這樣才能保住我的命……妳得幫幫我，就算是對我的恩情吧！否則我不但要失去妳，還死不瞑目！……我的好莎拉、美麗絕倫的莎拉，只有妳有辦法幫我逃過這一劫。」

一股恐懼、無奈，混雜著不屑的情緒從胃裡翻湧上來。又來了！又要使這個老伎倆了！但是所有的負面情緒只駐足了千分之一秒，我回過神來，看著面前這個我以身相許的男人……，他走投無路了。我知道：不到無計可施，他不會拿我當犧牲品。這該死的美貌，雖然曾經帶給我許多優勢與好處，卻在離開家鄉以後，成為亞伯拉罕的一大麻煩。

當年，我們離開位於巴比倫的家鄉吾珥，沿著兩河流域，遷徙至哈蘭。原本以為會在此生根終老，沒想到在父親死後，丈夫亞伯拉罕突然起意要往南走，朝父親原本要去的迦南地前進。

我從來不認為自己是一個愛冒險的人。能保住一個穩定舒適的家、愛我的丈夫，比在荒郊野外探險實際得多。況且當時亞伯拉罕已經七十五歲，我也六十五歲了。說要去探險，年紀未免也太大了吧？但是對亞伯拉罕來說，這個決定，並不是一時興起，犯了老年危機，想去看看世界的山川壯麗。他說：他感到一個偉大的使命，上帝呼召他要離開故鄉、親族，到上帝所指示的地方去。

當他告訴我這個決定時，我先是一驚。要離開熟悉的環境，去一個完全陌生的地方是一回事，我的驚訝，更是來自亞伯拉罕說這話時，語氣中的堅決與肯定。

平常，他什麼事都跟我商量，詢問我的意見。碰到我們意見相左的時候，他也從不堅持己見，以一家之主、男人的威風來逼我就範；而是尋求中間之道，讓彼此能夠妥協。

但是這一個舉家遷往迦南的重大決定，他似乎心意已決。他的態度不是來商量討論，而是直接了當地告訴我他的決定。我從他的態度和語氣中察覺到：此事不容商議。

他說：他不要一生庸庸碌碌，留在哈蘭空享清福。他的人生有一個更高、來自天上的使命。雖然已經不再年輕氣壯，但是他仍然必須去執行。他聽見一個聲音說：「我要使你多子多孫，他們要形成大國。我要賜福給你，使你大有名望。這樣，人要因你蒙福。」

說這話時，他眼裡閃耀的認真、執著與真誠，好令我感動！當時我就想：愛是什麼呢？不就是去分享、承擔他的理想與壯志嗎？

那就走吧！雖然在哈蘭住慣了，也熟悉了。雖然對前方佈滿的未知深感恐懼，但是丈夫的信念感染著我，他要為一個目標去奮鬥，我的人生頓時也有了特殊意義。

於是我們打包所有的家當，連帶著牲畜、僕人，準備朝迦南出發。

族裡有人笑他神經病，有人罵他自命清高，自以為了不起！更有人揶揄：多子多孫?!有沒有搞錯？誰不知道你老婆是隻不會下蛋的母雞？而且她早已經過了生育的年齡。亞伯拉罕啊！你這個白日夢做得實在有點不切實際！

我們充耳不聞。風涼話誰都會說，但是他們哪一個人比我丈夫高明？

我一心支持亞伯拉罕，從此開始四處遷徙的放牧生活。

就在我們「出走」後不久，第一個危機出現了！當時我們來到迦南地，卻發現那兒正在鬧饑荒。所有的人、畜牲都沒有東西吃。這可不是鬧著玩的，我們總不能領大夥出來，餓死異鄉吧！於是亞伯拉罕決定到埃及去躲饑荒。

但是事情沒那麼簡單。亞伯拉罕用他一貫深情溫柔的眼神看著我，未雨綢繆地說：「憑你的絕色美貌，埃及法老王一定會想召你入宮。搞不好他嫌我礙事，會殺害我而留下你。所以如果有人問起，請你務必告訴他們你是我妹妹，這樣他們才會饒過我。」

那是他第一次要「出賣」我。放我一人在陌生的地方，跟陌生的人糾纏。

想想真沒用啊！但是不這樣做要怎麼辦？他的計謀也不無道理，不論我答不答應，法老王要是真看上我，他大有辦法把我搶過去。畢竟我們這群遊牧的異鄉人，哪有什麼權利可言？如果他們把我捉去，卻把亞伯拉罕殺了，我從此失去心愛的男人，情況也不會更好！耽溺在自憐自艾的怨恨中，也無濟於事，還不如接納他的建議，至少還能保住丈夫一命。

我幽幽地答應了。結果果然不出亞伯拉罕所料，才抵達埃及不久，法老王就聽見風聲，派人把我接去，還賜給亞伯拉罕這位「大哥」許多牛、羊，和奴隸。

在金碧輝煌、處處享受的皇宮中，我的肉體雖然受法老王控制，心卻只繫亞伯拉罕一人。我並不怪罪他，畢竟，環境的險惡、人為的不利，都不是他能控制或改變的。看著心愛的人帶著一批額外的厚禮離去，我一顆要掉下來的淚珠，又給硬擠了回去。亞伯拉罕啊！我一生唯一的摯愛：祝你幸福！

後來你猜怎麼著？也是因為我的緣故，上帝竟然降災給王室！許多人，包括法老王都染上可怕的疾病。他趕忙召來亞伯拉罕，質問他為什麼要謊稱是我哥哥，讓他娶我為妻，害他現在得罪上帝，惹來一身是病?!

不等亞伯拉罕回答，法老王像躲瘟疫一般，把我推回給亞伯拉罕，並命令我們帶著所有的一切馬上離開！

重新尋回了自由，並且回到丈夫身邊。亞伯拉罕將我擁抱入懷，除了抱歉之外，臉上更多了感激之情——不是為了增多的財富，而是因為我對他的敬重與依順。

是的！他雖然有弱點，但是我為什麼不去看他也有的優點呢？

比方說他對姪兒羅得無私又無怨，也不會見錢眼開。曾經，兩方因為各自的牲畜爭奪牧草，亞伯拉罕不堅持長輩的身分，反而讓羅得先選最好的牧地，讓自己撿剩下的。他能夠放下身段、遷就姪兒，不正是一個慈愛父親的表現？

後來羅得被北方的王國擄去，亞伯拉罕更是奮不顧身，前往營救。戰勝後，又很有骨氣地拒絕所多瑪王的賞賜。

他真真是我心目中的英雄。

還有非常重要的一點：他在我面前，對上帝的應許從不懷疑。他說上帝跟他以割禮立約，保證讓他子孫眾多，並且會賜福給我，讓我為他生一個兒子，成為萬國的母親。亞伯拉罕就這樣活在一個看不見、想像不到的應許中，堅持而肯定地帶我前行。

信心讓他不畏旅途的艱辛；信心，卻阻擋不了他再次跌倒。這一次，在基拉耳王面前，為了自保，他再度要求我謊稱是他的妹妹！

被二度出賣，我怎麼想呢？

我難道不知道他也有軟弱、膽怯的時候？事實上，自從二十多年前到埃及皇宮裡走一趟之後，我對亞伯拉罕就已經沒有不實的期望或夢幻。論財富，誰能跟法老王一樣提供我錦衣玉食的皇宮生活？論能力，誰比法老王更有辦法保護、照顧我？再說到權勢，誰能高過不可一世、如同神一般的法老王？不論哪一方面，亞伯拉罕都不是法老王的對手——如果那些是我所追求的。

但是那些並不是我想拿亞伯拉罕去跟別人比的地方。

我知道我的丈夫不是一個貪生怕死、玩弄女人、不負責任的沒用男人。他是一個滿有恩慈，有理想、有抱負，充滿信心的良人。我們長久美滿、相敬如賓的夫妻關係，不會因為他這時因為被逼得走投無路，不得不出的「下策」而毀滅。我對他的愛扎得深、立得穩，拔也拔不起了。我只知道：他厚待我，我愛他；他虧待我，我還是愛他。是英雄時，敬他；變成狗熊時，我也不會嘲笑、看不起他。

這樣是不是太傻了呢？如果你問我，我的回答是：一個處處跟丈夫計較、苛責、記恨、要求、咄咄逼人的妻子，並不比一個順服、敬愛，事事以丈夫為重的妻子聰明。我順從丈夫、愛丈夫的結果，換來在他心目中更尊貴，也更牢固的地位。最重要的是：我知道他不是一個完美的人，但是上帝將我放在他的手中，我只要遵從丈夫為大，那麼在亞伯拉罕失敗跌倒時，上帝就會替我負責。他會保護、照顧我，讓我不受傷害。

而有什麼能比擁有上帝的保護與賜福更大的幸福？上一次在埃及，上帝不就顯現了他的信實，讓我又回到丈夫的身邊？這一次，我的膽量大了，信心強了！「你的子孫會像星星一樣多！」上帝一而再、再而三地應許亞伯拉罕，而且上帝明白地說，亞伯拉罕的子孫，一定會從我而來。「明年這時，莎拉將生下一個兒子！」我親耳聽見天使這麼說。老蚌要生珠啦！我心裡充滿著好奇與期待。相信這次前往基拉耳，上帝一定又會行使大能，讓我全身而退！

至於亞伯拉罕，如果上帝都願意揀選他，我算什麼？哪裡有理由去看輕他、藐視他？因為我有能力替他解圍嗎？因為他欠我一份恩情嗎？

他不欠我任何東西。一個男人，再愛你，也不能超越自己的力量去保護你。麻煩既因我而起，而亞伯拉罕又那麼誠實地在我面前表露出自己的軟弱與恐懼，那麼我願意從上帝那兒支取氣概：就這樣吧！讓我助你一臂之力！

說是要助他一臂之力，其實我所能做的，不過就是乖乖地被帶進基拉耳王宮裡。這次我用不著等太久，上帝就插手。像時間被倒轉，歷史再一次重演：上帝在夢中告訴基拉耳王我的真實身分，並且譴責他。基拉耳王嚇得連忙把我送回去，外帶許多牲畜和奴隸，並且還特地拿了一千塊銀子給亞伯拉罕，說明他沒有侵犯我，證明我的清白。我們的財富多得數不清了。但是，好戲還在後頭呢！

我的肚子在隱隱發生變化！有小手在裡頭鑽、小腳在裡面踢。一年之後，亞伯拉罕一百歲，我九十歲，在上帝應許的日子，我們的兒子以撒果然出生了！

上帝說會發生的事，就會發生。你相信嗎？

上帝說順服丈夫就能得到他的賜福。你願意嗎？

看著在我懷中吸吮的寶貝兒子，我笑著猛點頭。是的！我相信，我也願意！不是因為丈夫的才幹，或是自己的能力；而是因為那位說到做到，誠信可靠的上帝！

（取材自創世記第12至15章；第20章至第21章第7節）

Charles Landelle, *Juive de Tanger*, before1908

算計一生
——羅得之女

又是一個失眠的夜晚。

把白天在林子裡撿來的樹葉與青苔，鋪在冰冷僵硬的地上，希望多少能舒坦一些。結果一有風動，照樣冷颼颼！躺在凹凸不平的石地上，不論換成什麼姿勢，總是感覺身下的石塊在和筋骨作對，怎麼樣都不舒服。那裡能跟家裡的軟床暖被相比?!唉，這日子，哪是人過的?!

以前，床和被褥都有女僕在打理，三餐全不用我們煩心。以前，我們的衣裳光鮮亮麗，可以和公主比擬。以前，父親錢多又有威信。以前……。

我摸摸身上僅存的錦緞衣服，都已經磨損破舊。家，真的不在了！

究竟發生了什麼事？我到今天還丈二金剛摸不著頭。一切來得那麼突然，一瞬間，我們的生存被顛覆搗亂，再也回不到從前。

我不願去想它。但是那一聲聲的慘叫，時不時就會出現在耳邊。睡著時，夢裡盡是所多瑪城裡哭喊、奔逃的混亂景象。醒著時，又滿頭滿腦全是過去的財富與享樂。

我們曾經擁有的家園好美好美：約旦河邊上滋潤的平原，放眼所及，鬱鬱蔥蔥。父親說，他想像中的伊甸園，就是這個樣子。母親最愛津津樂道的，是當年伯公亞伯拉罕和父親住在一起時，因為各人的牲畜眾多，彼此的牧人因為搶占牧草發生糾紛，因此伯公建議兩人應該分開，絕不可因此起衝突。

「他讓我們先選，那我們當然就選最好、最肥沃的地方嘍！」母親得意地說。「亞伯拉罕要當呆頭鵝讓他自己去當，我們可沒那麼笨！」

於是父親帶著所有家當，連同牲畜和僕人，舉家遷來所多瑪。

而所多瑪確實是一個繁華富裕的城市，應有盡有。從小到大，我們有求必應，物質方面一點也不缺乏。大夥兒憑本事賺錢，看誰心狠手辣、欺壓詐騙、要狡猾聰明，騙到的錢越多，頭就可以抬得越高！你要是講究起誠實信用、公平正義那套道德標準，別說賺不到錢了，還會被人取笑。有時候雖然也會覺得這種缺乏信任、處處防備人的生活挺累的，但是既然大家的處世原則都是：「我不要求你來愛我，你也別奢望我的體恤！」識時務者，自然也不會反其道而行。

幸好我們家財萬貫，金銀、綢緞、珠寶、僕役、牲畜，樣樣不缺。只有別人看我們的臉色，沒有我們去跟別人低聲下氣這檔事兒。記憶中，母親從來都是穿金戴銀，錦緞華衣，用不著吃苦幹活。光是她頭上的飾品，就價值連城。我們在所多瑪的日子，說不好聽是奢侈，說好聽嘛，就是享盡人間的榮華富貴。上門來向父親提親的人家，也在母親的篩選下，不問品性道德，只看財富地位，唯有與我們門當戶對的才有機會。

我並不認為這樣過日子有什麼不好。事實上，我們都以為可以一直這麼過下去。

做夢都沒想到，災難也會臨到我們頭上！而且說來就來，讓人毫無招架的餘地。

事情從那兩位陌生人的造訪開始。父親好心請他們來家中過夜，未料他們竟催促我們全家大小趕緊離開所多瑪，說什麼上帝就要毀滅這個邪惡敗壞的城市！父親聞言便緊張兮兮，跑去告訴我和妹妹的未婚夫，要他們趕緊逃命。但他們倆都以為父親酒喝多了，在開玩笑，因此根本不把父親的話當一回事。

其實當時母親和我們姊妹倆也都半信半疑：來客是什麼人？憑什麼我們要相信他們的話？而且日子過得好好地，沒有任何異樣。這麼一座繁華的城市，豈會被毀滅?!

懷疑歸懷疑，看那兩位客人慎重嚴肅的表情，一副煞有介事的樣子，母親雖不完全相信，還是開始打包一些她鍾愛的金銀珠寶。我和妹妹不置可否，照常去睡覺，心想也許明早起來，一切都會過去。

沒想到隔天一大早，天才剛亮，我還睡眼惺忪，就看見那兩個客人急急忙忙地，其中一人兩手各牽著父親和母親，另一人伸手過來抓著我和妹妹，不由分說，一個勁兒地往外面跑。

我不知道發生了什麼事，只知道這麼慌張急促，著實把我嚇壞了！我一直喊叫：「爸！怎麼了？怎麼了！」父親也沒有時間多解釋，只撂下一句：「跟著走就是了！」

我們一直跑一直跑，直到城外。這時那兩位陌生人把我們放開，催促道：「逃命吧！趕快逃到山上去，千萬不要回頭！」

逃命？幹嘛要逃命？周遭正籠罩在晨曦中，平靜安穩，看不出來有何不同。一切都好好地，逃什麼命?!

只見氣喘吁吁的父親哀求說：「主啊！你要救我們就救到底吧！山上太遠、太吃力，恐怕我人還沒到，就死在路上了。能不能行行好，讓我們逃到鄰近的小城去？」

那人應允了父親的請求，交代說：「快走吧！你們還沒到那裡，我什麼也不能做。」

然後，日頭出來了。我們終於跑到鄰近的小城。前腳才一踏進，便感到從背後傳來一陣濃濃的硫磺與焦味，連帶地周圍的風都是熱的。我彷彿聽見此起彼落的哀嚎聲，越來越大，越來越混亂。莫非那兩個人真是上帝派來的天使？他們先前的警告正在應驗：上帝開始降下硫磺與火，要把所多瑪城裡所有的居民，以及附近的平原都消滅殆盡！

那……，我和妹妹的未婚夫不也身陷火窟？也許，他們正驚惶吶喊著?!

我正想回頭看看，沒想到母親先我一步，轉過頭來……。

至今我還是不敢相信自己的眼睛，不敢相信發生的事實：就在母親回眸顧盼的那一剎那，她竟變成了一根鹽柱！

我失聲驚叫，伸手想去抓住母親，結果只惹來一手漸漸流失的細粉，以及眼前搖搖欲墜的、幾乎不成人形的不明物體。

果真！上帝的話輕忽不得，他說不准回頭就是不准回頭！我把手上的細鹽拍掉，抓起從母親身上掉下來的珠寶袋，無暇顧及其他，趕緊逃命要緊！

躲在小城裡不過幾天，天天聞著從所多瑪飄散過來的焦燒味，父親、我及妹妹，雖然保住了性命，但依然膽顫心驚，深怕被身後的煙火及硫磺波及。後來父親決定再走遠一點，便拉著妹妹和我上山，找到這個隱蔽的山洞住了下來。

但是山洞豈是人住的？想想我們的出生！在山洞裡當野人我可不幹！父親整天委靡不振、藉酒澆愁，一會兒說上帝在懲罰他，後悔當初不該對伯公亞伯拉罕這麼不仁不義，結果自找苦吃，住進一個罪孽深重、充滿罪惡，終於遭到天譴的城市。一會兒又說感謝上帝的憐憫，救了我們一家老少三口。

我聽厭煩了！他也許受得了山洞裡的潮溼與陰暗，但是我和妹妹可不同！我們可不打算在這山洞裡耗上一輩子！要是母親還在就好了。她總是未雨綢繆，事先算計、打點好一切。我知道母親並不願意離開，不願捨下所多瑪的富裕。而且她心有不甘，不願讓半輩子累積下來的金銀財寶，就這麼完全被銷燬，所以她把天使的警告放在一邊，在天上降下硫磺與大火時，回過頭來望了一眼。

那一眼，竟成了她在世上的最後一首悲歌！

問題是留下妹妹和我兩人，將來要靠誰呢？我們都是處女之身，沒有下一代。這……，將來該怎麼辦?!

父親又在哀嚎懺悔了，痛哭流涕的樣子，還算個男人嗎？除了……

好歹可以把他當個男人用用！

我把妹妹叫來，商量道：「妹子啊！你對將來有什麼打算？」

「還能有什麼打算？過一天算一天，聽天由命吧！」

「我們的男人都死了，一向替我們打理安排的母親也粉碎了。剩下一個父親，卻整天哭哭啼啼，沒有任何作為。我看我們的前途堪憂。」

「姊姊你有沒有什麼辦法？」

「我想了又想，覺得最重要的是趁我們還年輕，要趕緊生下後代。父親不可靠，好歹還可以養兒防老。」

「你看看我們現在這個樣子，躲在山洞裡跟野獸一樣，哪個男人會要我們？」

「你說的沒錯，沒有男人會要我們。但是，你忘了，眼前就有一個男人！」我朝山洞裡使了一個眼色。

「父親?!」

我微微點一下頭。

妹妹面有難色，像在顧慮什麼。我不大明白她的遲疑，分析道：「你忘啦？以前住我們對面的鄰居，孩子都生了四個了，後來突然對同性產生興趣，最後拋妻棄子，跟一名男子同居去了！左鄰右舍都沒說什麼。還有，隔兩條街的伯伯，不怎麼引人注目，看上去和常人無異。後來聽說他把自己的女兒關在地下室裡二十幾年，還跟她生了三個孩子。大家聽說之後，不也是一句：『人家跟自己的女兒幹什麼，關我們屁事！』了事？」

妹妹的表情舒展開來，自言自語道：「我還看過一個男子跑去跟畜生交配，母親當時說各人有各人的性癖好，我們不要大驚小怪。」

「這就對啦！跟那些人比起來，我們為了懷孕生子，跟父親睡覺，真的沒有什麼大不了。我們家已經落到這步田地，家園被毀滅的焦臭味還沒散盡，現在沒權又沒錢，連落枕的地方都得在這陰暗、潮溼、冰冷的山洞裡，誰還會要我們？難道妳想一輩子孤苦無依，老了沒人來照顧妳？」

「但是，父親要是不答應，怎麼辦？」妹妹就是這麼優柔寡斷，愛鑽牛角尖。

「可以先把他灌醉啊！你又不是不知道父親喝起酒來就沒有節制，灌醉他又不是難事！」

妹妹終於點頭。我拍拍她的肩，這回換她套用母親的話鼓勵我說：「人不為己，天誅地滅，管他用什麼手段！活著，不就是要設法讓自己過好日子嗎？現在，我們起碼還能利用父親一下，如果真能生下一兒半女，後半生也許還有指望。」

我欣慰地點點頭：「也許還能生個聰明會賺錢的男孩，或是貌美如花的女兒，就像所多瑪城裡最光鮮亮麗、受人矚目的一對男女。他們一個是嫁過三個丈夫的女人，一個是欺騙老婆，在外和人通姦的男人。後來兩人在一起，靠著他們的美貌與財富，成了全城最有名氣的夫妻！根本沒有人在乎他們的過去或出生，不是嗎？再說，如果以後真有人問起，我們再隨便編個謊，反正孩子的父親究竟是誰，除了咱們倆，誰也不知道。」

一不做，二不休。商量定後，當晚我們就採取行動。

妹妹和我兩人左哄右騙，使勁兒地給父親灌酒。他照例又在長篇大論，我們充耳不聞。不一會兒，他便呼呼大睡過去。

妹妹幫父親蓋上被褥之後，匆匆望了我一眼，低頭不語走出去了。我深吸一口氣，昏暗中，解開衣衫，鑽進父親的被褥裡……。

等到我再次起身時，父親喃喃嘟噥幾句。他的酒還沒醒。

我走出山洞，竟有些意興闌珊。到處看不見妹妹的身影。晚風吹得我臉頰有點痛。念及以往繁華的所多瑪故城，想像現在那一片烏煙殘破，面目全非的樣子。我們全家寄居在所多瑪人中間這麼許多年，在財富之外，看盡多少殘暴、貪婪與縱慾，而我們自己，又在不知不覺間變成了什麼樣子？

我摸摸自己的肚子，事情不曉得成不成？心裡升起一股模糊的盼望。將來……，我能否還有將來？即使有，日子會不會像過去一樣絢麗燦爛？

山風從所多瑪的廢墟中吹來一陣焦鹹、腐敗的惡臭。想起一輩子狡黠、善於算計，最後卻變成一抹鹽柱的母親，剛剛的那一絲盼望，竟在鋪天蓋地的一片空虛中，消失頓逃得無影無形。

（取材自創世記第19章）

Marcantonio Franceschini, *Lot and his Daughters*, 17th century

傷人害己的堅持

——利百加

雅各走了有兩天了。家裡變得好安靜，安靜得有點嚇人。以掃照例每天跑出去打獵，不同的是，他現在會刻意躲避我。如果路窄碰上了，他的眼裡也盡是憤怒與鄙夷。以撒沒說什麼，他的話本來就不多，現在更是難得開口。幫他穿衣梳頭或餵食時，總覺得他的哀傷像巨大的烏雲籠罩下來。他在怪罪我、埋怨我，雖然他沒有說出來。我知道：他對我已不再信任。

兒子與丈夫無言的抗議，幾乎要讓我窒息！

而雅各，唯一能與我交心相伴的小兒子，又被我送走了。

上帝啊！我做錯了什麼？

我承認自己比較偏愛雅各，說什麼都不願意讓丈夫以撒賜福給那粗枝大葉、只顧口腹享受的大兒子以掃。

說來丈夫和我對兩個兒子的爭議其來有自：當年懷孕的時候，害喜得非常厲害，許多不適症狀都相繼出現。我覺得自己真命苦，結婚二十年，好不容易如願以償，懷了身孕，卻痛苦萬分。禱告求問上帝的結果，他告訴我：我肚子裡整天鼓動焦躁的原因，是因為有兩個生命在裡頭相爭。上帝預言：一個要比另一個強，大的要服事小的。

分娩當天，那種撕裂扭絞，真是痛不欲生。經過好幾個小時的陣痛之後，突然一個全身毛茸茸，皮膚紅通通的嬰孩從我胯下蹦出。這是什麼東西?!難不成生了一隻動物出來？我驚魂甫定，再仔細一瞧，才看到那個怪物的腳上，拖著另一個嬰兒——一個細皮嫩肉、可愛正常的孩子。

這個孩子的手緊緊捉住那怪物的腳跟，就這樣一前一後，兩人一併被生了出來。

我看著那個似人似獸的長子，不敢碰他一下。但是那後出來的完美嬰孩，卻被我擁抱入懷。這才對嘛！這才像我利百加生的孩子！

我們給老大取名以掃，小的，叫做雅各。

以掃和雅各不僅外表迥異，個性也南轅北轍。以掃像隻動物，成天在外頭跑，是個身手矯健的獵人。而雅各則文靜細膩，常常留在家裡陪我、幫我做家事。他們的爸爸因為喜歡以掃打來的野味，連帶地就對他比較偏愛。或許也是因為以撒自己沒有以掃的強悍和男子氣概，在兒子身上看見自己所嚮往但缺乏的性格，補償的心理作用吧？

而我，實在不習慣以掃那大剌剌、粗獷又不在乎的個性，跟他談不上幾句話。還好有個小兒子，他聰明又細心，在丈夫以撒年事已高之後，成為我的依靠與安慰。

說到以撒的老邁，我已經習慣照顧、打理他的一切。年輕時他在精神上相當依賴我，現在老了，沒有我更是不行。他是婆婆莎拉和公公亞伯拉罕在不可能生育的超高齡下生出的獨子，備受寵愛。婆婆死後，他為她哀傷守喪了三年，直到娶了我之後，才慢慢開朗起來。

我知道他這個人性情溫順、沒啥脾氣，又不會與人相爭，許多事他都讓我作主。可偏偏在給孩子賜福這件事上，怎麼跟他說，他的腦筋都轉不過來。

依照傳統，擁有長子名分的人，不僅能得到雙倍的遺產，還可以當家。在我看來，這些好處應該由雅各來承接。他雖然後出生，但是智慧和才幹都勝以掃一籌。以掃只知打獵，活脫脫是個野蠻人，他得到祝福能幹什麼？再說，他娶的兩個異族媳婦，凡事都跟我們作對，凡事都跟我們不一樣。為了他所選擇的婚姻，我們倆老已經不曉得吃了多少苦頭、煩心不已。說什麼都不能再把長子的祝福給以掃和他的妻子！

而且，上帝曾經預言過：大的要服事小的，不是嗎？

但是任憑我左哄右勸，以撒都聽不進去。看來，他不僅是老來眼盲，心也盲了！

既然他的腦袋不靈光，那我不把關怎麼行？那天，我在帳篷外，聽見他咳著嗽，跟以掃說：他的年紀大了，就快死了。現在他只希望再吃一次以掃打來的野味，吃完之後，就準備給以掃祝福。

這下可不得了！我得採取行動，頓時全身的細胞都武裝起來。如果以撒真死了，絕不能讓那個頭腦簡單、又粗又野的以掃來當家！

於是以掃前腳才走，我後腳就跑去跟雅各說，要他到羊群中找兩隻肥嫩的小山羊，宰了之後，我再照他父親愛吃的口味來烹調，然後由雅各假扮以掃拿去給他父親吃，好讓他在死前祝福雅各。

「母親啊！你知道以掃全身是毛，我的皮膚卻很光滑。萬一父親摸我，發現我欺騙他，那我不但得不到他的祝福，反而會遭來詛咒！」

雅各畢竟聰明，他的顧慮有理。但是我的心意已決，便安撫他說：「別擔心，照我的話去做就對了。要是有詛咒，都讓我一人來承擔！」

雅各遵命行事。我快手快腳把菜燒好，然後找來以掃留在家裡的衣服給雅各穿，再把他手臂、脖子等光滑的地方用山羊毛裹好。準備就緒之後，雅各還有點猶豫，面有難色。我催促道：「傻孩子！你不是朝思暮想，想得到父親的祝福嗎？」他點點頭，深吸一口氣，走進帳篷。

好吃的羊肉、手臂上的山羊毛，外加以掃衣服上的氣味。就這樣，雅各和我聯手，把他那個年邁又眼瞎的老爹給欺騙了！

「願萬民向你下拜……願你母親的兒子都向你跪拜……。」以撒按手祝福雅各。我在旁邊猛點頭：這才對、這樣才對！

沒想到才騙到祝福，以掃就回來了！東窗事發之後，以撒全身顫抖，以掃更是放聲大哭：「爸爸，你沒有留些福份給我嗎？請你也祝福我！」

「我已經立雅各做你的主人，這祝福永遠屬於他了。」以撒既歉疚又無措地說。

說出去的祝福無法挽回，也不能更改。只見以掃狂吼一聲，像隻猛獸一般衝出帳篷，口中嘟囔著：「好個雅各，你給我記住！我不把你殺了才怪！」

我原本因為雅各終於得著祝福而欣慰的心，這下又全揪緊起來。以掃要殺雅各啊！他這頭野獸，說得到做得到。論體力，雅各絕不是他哥哥的對手，這下怎麼辦才好?!

我又趕緊把雅各叫來，囑咐他馬上收拾行囊，先去哈蘭他舅舅家避一避，等到以掃的氣消了之後再回來。「至於你爸那兒，我來擺平。我會讓他允許你離開！」

我的辦法，是以讓雅各娶妻為藉口，好說歹說地要以撒祝福雅各上路，到自己族人那兒找個媳婦。

以撒一切照做了。

隔天一早，我流著淚，跟雅各緊緊相擁。「兒啊！一路小心……只是暫時的……我會派人去接你回來……兒啊！你會再回來吧？……」

他頭也不回地走了。一下子，我整個人好疲憊、好虛空。

兩天來，家裡靜得讓人發慌。全部的人：丈夫、大兒子、媳婦，全都怨恨著我。我試著為自己辯護，跟以撒解釋道：

其實以掃早就失去了他長子的名分，是他自己心甘情願放棄的！雅各跟我說過：有一次以掃打獵回來，餓得發昏。看見雅各煮好豆子湯，就向他要著喝。這時雅各提議哥哥拿長子的名分來跟他交換。以掃考慮都不考慮，馬上就答應了。而且他還對天發誓呢！你看！雅各心心念念你給長子的祝福，以掃卻不屑一顧！

那現在，他又幹嘛來和雅各爭這個他根本不在乎的東西?!

以撒不發一言。

「再說……，」我正準備繼續辯解下去，卻看到以撒那雙失明的眼，默默流下兩行老淚。滔滔的雄辯嘎然而止。

眼前這個衰老無助的男人，是我曾經深愛仰望、忠貞不二對待的丈夫。多久沒有好好看他了？此時腦海中浮現好久好久以前，在兩個孩子尚未出生之前，以撒和我那種水乳交融、琴瑟合鳴的感情。曾幾何時，因為彼此偏愛的孩子不同，更因為我的固執己見，竟一點一滴消失殆盡！

一直以來，我的眼中只有雅各。現在雅各走了，我才驚覺：以撒不知從什麼時候起，被我放在次要的地位了！我視他為絆腳石，忽略他的感受，濫用他對我的依靠與信任，常常對他頤指氣使而不自知。欺騙他之後，我滿頭滿腦只想為自己辯護、哀怨愛子離去，卻沒有半刻鐘考慮到對以撒的傷害——我害他傷了他的愛子以掃啊！我的行徑，其實正清楚明白地告訴他：我已不把他放在眼裡，已不再敬重他這個不中用的老人。這對他來說，該是多大的羞辱與折磨啊！

我還大言不慚地說：「這是上帝的旨意，我只不過替天行道罷了！」事實上，在整個事件中，我是在圖我自己想要的結局。況且，上帝命定的事，豈會需要我用欺騙的手段來幫忙完成?!

雅各走遠了，這輩子不曉得還能不能見到他。因為自己的一意孤行，失去了丈夫的信任，和心愛的小兒子，還引來骨肉間的怨懟與憎恨。原來，那灼心的想望會弄巧成拙、鑄成大錯。

遲來的悔恨，在以撒的淚痕下。嚙心的痛苦，終於讓我看清：自以為是、心意堅強的女人，若沒有臣服在上帝的手下，她的殺傷力有多強！為了我剛愎自義的堅持，全家人實在付出太高的代價！

（取材自創世記第25章第19至34節；第27章至第28章第5節）

Govert Flinck, *Isaac Blessing Jacob*, 1638

不被愛的女人

——利亞

雅各睡在我身旁，平穩地呼吸著。他蒼老卻安祥的面容，告訴我他回到家了——由我和他組成的家。今天的他不再心不在焉，今天的他靜心留在我身邊。已經很久沒聽他說夢話了，更確切地說：很久很久沒聽他在夢中哭聲淒厲地喊著她的名字——拉結。當然不是因為他已將她遺忘。就像我，今夜的思緒澎湃，怎麼樣都無法入睡，像新婚的那一夜。我思念著我的妹妹，那個我這輩子最大的情敵，也是和我此生永遠分不開的女人。

究竟是我搶了她的情人，還是她奪了我的丈夫？我們之間的三角關係、愛恨情仇，剪不斷、理還亂……。

當年雅各從迦南長途跋涉來投靠我的父親——他的舅舅，在井邊碰到拉結時，馬上被她的美貌吸引，對她一見鍾情。唉，正是拉結的美貌！從小大家不都讚美她美麗可人嗎？同一對父母所生，我這個作姐姐的，站在她旁邊，永遠沒有她的光彩奪目。雅各為她心花朵朵開，又怎能怪他呢？為了娶拉結，他心甘情願為父親牧羊七年。

只要拉結在身邊，雅各便情緒高昂、臉紅心跳。他看拉結的眼神，是那麼溫柔與愛憐。拉結則享受雅各用眼光對她的亦步亦趨，刻意展現她的美貌與優雅倩姿。兩人之間互相的吸引與愛慕盡在所有人的眼底。啊，多浪漫的愛情！我多麼希望能夠向他們倆獻上衷心的祝福。如果不是因為父親的干預……。

城府甚深的父親，為了留住雅各這個勤勞、賣力、聰明又免費的苦力，竟然不守約定，在七年的期限到時，把拉結許配給雅各，反而強迫我代替拉結進入洞房！我雖百般不願意，但是父親威脅利誘，搬出規矩，說老大沒出閣，老二就不能嫁。又說我不抓住這個機會，難道要一輩子作老處女?!

拉結躲在一旁用憎惡的眼光看我。我真是又難過又抱歉！被打鴨子上架，變成了這場騙局的共謀，而且還要將自己送入根本不愛我的男人懷裡！想到這裡，全身不禁顫抖不已。

新婚那夜，在一片漆黑中，雅各的手溫柔地替我寬衣解帶。我只敢背對著他，恐慌加上緊張，讓我不敢發出任何聲息，全身像根僵硬的木棍。是雅各聲聲輕呼拉結的名，讓我麻痺的身體驚動起來，「拉結！拉結！我的拉結！」我的淚水在他的叫喚聲中潰堤傾洩。

我是利亞，利亞，利亞啊！不是你用七年的勞苦想換取的美麗的拉結！請不要怪我，我也是身不由己。

第二天真相大白後，生米已經煮成熟飯。雅各氣得臉色發青，一股勁兒地跑去找父親理論，留下整夜未闔雙眼，羞得無地自容的我。

他們男人之間又立下了什麼約定，我不知道，也不想知道！總之雅各繼續留在我們家。往後的一個禮拜，他滿心期待下一個婚禮——這次是跟他真正想要的新娘。原來父親答應讓雅各和拉結結為連理，條件是雅各必須再服侍父親七年。

雅各竟然也答應！沒錯！他對拉結的愛就是這麼炙熱強烈，為了得到所愛，十四年又算得了什麼?!

只是，我又算什麼呢？在他們相互的愛戀間？

但是上帝憐憫我，他看到了我的苦處，先賜給了我一個兒子。啊！我終於可以揚眉吐氣，這可是雅各得到的第一個兒子哪！現在他該會愛我了吧！

沒想到兒子歸兒子，在嬰孩的可愛與作父親的榮耀之餘，雅各的愛還是留在拉結身邊。這該如何解釋？難道我就真的那麼惹人嫌，為他生下長子，卻仍然討不了他的歡心？

上帝啊！你是在幫我嗎？你會幫我嗎?!

我天天向上帝哭訴：和自己的妹妹爭丈夫，情何以堪？我的出現難道是多餘？

上帝不認為我的生命是多餘、無用的，他又賜給了我第二個兒子。我的心多麼雀躍歡騰！我的神是聽禱告的神，他憐憫看顧。這個抱在我懷裡的寶寶，是上帝垂聽我苦求的證明。

只是我丈夫對我的難堪處境仍然視而不見、聽而不聞。其實他又能如何？我知道他的情感豐沛，拉結從來就是他的最愛，他對她死心塌地，也算是一介癡情男子。我在旁吃醋哀怨，究竟應不應該？但是話又說回來，也許假以時日，他也會對我產生感情？

日子在等待與盼望間度過，兩個孩子雖然帶給我不少喜樂，但是只有上帝是我唯一的依靠。拉結有雅各的臂膀，而我，只能躲進上帝的臂彎裡，向他挖心掏肺、痛苦呻吟。或苦笑，或自憐，總是帶著哭腫的雙眼睡去。

後來我又懷孕。想想真不可思議，在這麼小的機率下！而且又是個兒子！拉結雖然擁有雅各的愛，卻至今沒替他生下一兒半女。即使她老是嫌我兒子的哭鬧聲煩，但是我曾經撞見她站在我門邊，用一種傾羨的眼光看我哺乳的模樣。也許這種想法很不應該，但是在那一刻，我竟有一種勝利的快感。也許，拉結感覺受到威脅；也許，她的擔憂，是因為雅各將看在三個兒子的份上，與我聯合？

養兒佔去許多時間與精力，但也帶來極大的滿足。看著他們一個個學走路、叫第一聲媽媽，我在生命的成長變化中看見造物主的神奇與偉大。漸漸地，每日與上帝的交通不再只是為了發牢騷、吐苦水，我也驚嘆生命的奧妙，對上帝無限景仰與敬畏。

我覺得能夠成為母親、孕育生命，是上帝賜予的極大的光榮與特權。有時候，在餵哺、逗弄兒子間，我感到身為女人一種內在的需求被滿足。那種「完全」的感覺，有時候甚至超越了我不受寵愛的悲哀。是的！我甚至問自己：願不願跟不孕的拉結交換，用身為母親的喜悅換取丈夫的愛？

我不敢說答案是肯定的。

也許上帝在補償我，他知道我的苦難並不是出於我的過錯。他正在用「母親」的角色來抬舉我、賞識我。

所以當我得知自己又再度懷孕時，內心的感激與喜悅終於隱藏不住！不是因為寄望雅各會對我多加青睞，也不是因為自己在這個家的地位得以穩固。而是因為耶和華我的神啊！他充滿憐憫、信實慈愛，他撫平我的憂傷，雖然不被丈夫所愛，但是我有上帝的照應與顧念。

我要讚美他！

看到我接連生下四個兒子後，拉結終於再也忍不住了。她跑去跟雅各大吵大鬧！接下來的幾年裡，我們兩姊妹就在生子這件事上明爭暗鬥：拉結讓她的俾女跟雅各生了兩個兒子。我不甘示弱，派我的俾女也跟他生下兩個兒子。而且原本以為已經停止生育的我，又再度為他添了兩個壯丁和一個女兒。六個兒子加上一個女兒，相對於他那位生不出任何孩子的親密愛人，雅各勢必不會離開我了！

沒想到，後來拉結竟然也懷孕了！更沒想到的是：我這個應該是最後一個高興的人，竟然毫不忌妒憤怒！

上帝在我心中種下了憐憫與恩慈，我也許是可憐拉結的為母心切，也許是出於姊妹的手足情深，當我得知她懷孕的消息時，心裡著實為她高興。拉結在育兒方面若有問題，我也樂意和她分享自己的經驗。我們這對被迫緊緊相連的姊妹，正在學習彼此慢慢靠近。

可惜好景不常。當我們一大家子浩浩蕩蕩要回希伯崙，去見雅各的父親時，拉結正懷著第二胎。也許是因為旅途勞累，也許是向來為我們家接生的老婆婆底波拉過世了，拉結竟然挺不過生產時的艱難，一命嗚呼！

當年她跟雅各吵：「你給我孩子，不然我就死！」任誰也沒想到，多年後，她雖然如願得到孩子，卻死在難產中。

雅各的心都碎了。我看著他不吃不喝，老淚縱橫。這個癡情專一的老雅各啊，怎能忍受得了摯愛離世？他總是將她保護好好地，孰料卻會在賜下生命的同時，又奪去她的生命！

往後的好幾年，他都很難跟我親近。他在心中哀悼著拉結，緊守著那塊脆弱易感的痛處。

後來即使他睡在我旁邊，夜裡還是會聽見他在夢中呼喊拉結的聲音。我實在被他對拉結這份至死不渝的真情感動，除了暗暗替他拭去眼角流下的淚水，我也決定要用餘生來好好照顧他。

說來這些都是陳年往事了。現在聯繫雅各和我的，是一份比親情還親還緊的關係。我知道他需要我、依賴我，任何重要的決定都會來跟我商量，而我也敬重他。我們生命的交集，早已超越了男女情愛的層面。也許現在我可以說：我是他的骨中骨、肉中肉，雅各認了我是他的第一夫人，將來死了，我們也要葬在一起。

你問我這是不是令人滿意的結局？我只能說：在雅各、拉結和我的故事開啟時，我確實有上帝待人不公的怨懟。但是一路走來，卻也因著雅各和拉結，讓我擁有兒女成群的祝福，以及與上帝親近的機會。

今天，誰是雅各一生最愛的女人已經不重要了，重要的是：在他心中、在他的子嗣裡，我有幸佔著舉足輕重的地位。光為這一點，難道不該讓人心滿意足、向上帝獻上感謝？

（取材自創世記第29章第15節至第30章第24節）

Dante Gabriel Rossetti, *Rachel and Leah*, 1855

轉悲為喜
——摩西之母約基別

在這艱難的時刻，我能投靠誰？

隔壁傳來撕心裂肺的哀號，又是一個無辜的生命將被犧牲。沒有人找得到一句安慰的話，沒有人能幫忙。這不是頭一樁，嚴格算起來，已經沒有一戶人家裡能免去這種哀喪的心碎。我說的不是壽終正寢、年老衰敗的自然死亡；我說的是慘無人道的屠殺！我們以色列人的命運至此，要翻身不容易；談拯救，更何其遙遠！

在埃及待了將近四百年，始終是外族人的身分。聽說祖先們剛剛從迦南地移來埃及的時候，因為先祖約瑟在埃及當宰相，我們猶太人是相當受禮遇的。但是約瑟死了以後，新的法老王登基，他竟然恩將仇報，把約瑟對埃及人的恩惠忘得一乾二淨！從此以色列人開始受排擠、遭歧視，連二等公民都稱不上。

因為以色列人口增加快速，遍及埃及，法老王害怕我們人多勢眾，終有一天會造反，所以強迫我們服苦役，派我們砍木、提水、耕田、造磚、砌牆，把我們當奴隸使喚，希望藉此抑制猶太人口的增加。沒想到他們越虐待我們，我們就越生養眾多。

法老王不擇手段，命令助產士們殺掉所有新生的猶太男嬰。結果沒有成功。眼見猶太人越來越強盛，現在他又想出另一個殘忍的手段：要我們將新生的男嬰都丟到尼羅河裡去，只准女嬰存活！這便是隔壁男嬰的下場，鄰居太太的笑容只在看到男嬰天使般面容的一瞬間顯現，沒過幾秒，在男嬰被強行抱走的當兒，她臉色慘白，幾乎昏厥。

我別過頭去，不忍心看、更不敢去想像。因為，我自己也即將臨盆……。

上帝啊！你在那裡？

要我們這些無權無勢的平民百姓，如何去對抗大權在握、邪惡卑鄙的法老王呢？大部分的猶太族人都跟埃及人一樣，一遇到困難，就惶惶不安，拜完太陽神拜尼羅河神，拜完尼羅河神再跑去拜土地神。那些鱷魚、青蛙、牛、鳥不等的神祇形象，真的能代表上帝嗎？

在族人一片悽厲哀號聲中，我一直沒忘記先祖亞伯拉罕信靠的真神上帝。他曾經跟亞伯拉罕立約，誓言要拯救他的子嗣，並使他們成為一個大國。如果此話當真，那麼我們就應該不會在這一波大屠殺中泯滅。法老王再強悍專斷，也不能跟上帝抗衡！

但是，這位看不到、摸不到的神究竟在那裡呢？他會信實守約嗎？他真的在意我們眼前的災難嗎？

不容我得到一個肯定的答案，孩子就來報到了。

當陣痛到達最高峰，在我聲嘶力竭的吼叫之後，緊接著是孩子哇哇大哭的聲音。助產士不發一言，丈夫也緘默。我倒吸一口氣，心裡已經有一股不祥的預兆。閉上眼，再睜開時，眼前呈現一個健康強壯的嬰孩——果然是個男寶寶！

我使盡全身力氣，將寶寶緊抱在懷中，說什麼都不肯交出去！

「上主啊！」我在心裡吶喊，「這下就全看你的了！」

要將一個只懂得自己需要的初生嬰孩藏起來談何容易？一旦處理不好，洩漏了風聲，極可能給我們全家帶來殺身之禍。對法老王來說，猶太人的命根本不值錢，殺一來警百，他考慮都用不著考慮！

但是丈夫和我還是決定奮力一搏。是我們特別勇敢嗎？不是的！想到八歲的女兒美莉安和三歲的兒子亞倫也被捲入這場風波中，說我不擔心害怕是騙人的。但是，看啊！這孩子，才剛出生，就已經有一股特殊的神韻，兩眼炯炯有神，五官俊美端正。這話也許會讓全天下的母親見笑。哪一個作母親的，不會覺得自己孩子的一顰一笑、一舉一動，都那麼可愛、獨特？

但是，我也不是頭一遭當母親了。在母親對嬰孩愛憐與珍惜的天性之外，我真的感到這個孩子與眾不同。他選在這個時候出生，絕對不是偶然！況且，上帝不是預言猶太人將在異鄉被奴役四百年嗎？算一算，我們在埃及受苦的時日已經三百二十年了，要是這個孩子真能平安長大，也許他就是那個能扭轉我們民族命運的救星！孩子早熟安穩的眼神彷彿在鼓勵我：情勢越是艱難，越要信靠！

我每天起早趕晚，天未亮就趕緊將孩子藏在充滿麥穀、洋蔥與麵粉的倉庫裡。每隔三、四個小時，再偷偷跑去哺乳。鎮日拉長著耳朵，深怕讓鄰居先聽見孩子哇哇哭鬧的聲音。

不過說也奇怪，這孩子不哭也不鬧，總是安安靜靜地等我來，咧開嘴給我一個溫暖的歡迎，然後在我懷中滿足地吸吮。後來他大了一點，我就把他移到馬槽去，讓牛、馬、驢子跟他作伴。我們母子倆躲在暗暗的角落，拋開外面世界的紛紛擾擾、恐懼憂傷，他有我、我有他！

我怎麼能不保護他？難道因為怕死嗎？那些貪生怕死的人，就真的能一輩子風平浪靜，平安無憂嗎？而且，一個信靠上帝的人，如果在遇到困難時，也是驚慌失措，像熱鍋上的螞蟻，或是無頭的蒼蠅，那麼跟那些沒有信仰、沒有依靠的人又有什麼兩樣？猶太人是上帝的選民，在這個危急的時刻，如果我不信靠他，難道還有別的人能救得了我們？

再說，信靠上帝是什麼意思？不就是在看不見、摸不著他的時候，仍然決定相信他是良善的、信實的，關心、在意我們的。否則那些對亞伯拉罕的誓約，對猶太人的應許，不全是個玩笑?!

為了我這個信仰，我決定獻上賭注，給上帝插手的機會。

孩子一天天長大，整整三個月，上帝果然回應我對他的信心，讓我們平安無事。三個月後，儲藏室裡已經藏不下孩子，馬廄裡的動物也遮掩不了他的哭聲。這時候，我們知道必須採取下一個行動！

我找來一些蒲草，細細地編了一個籃子。在籃子外塗上防水的瀝青和柏油，然後把孩子放在籃子裡，再把籃子藏在河邊的蘆葦叢中。這孩子的命完全在上帝手裡，除了派女兒到附近守候，看看會有什麼結果以外，我只能靜待奇蹟發生。

等待是信心最嚴厲的考驗，尤其是在不確定將會發生什麼事的時候。孩子在河裡搖動的當兒，我極力按奈住期待、緊張又急切的心情，禱告、禱告，再禱告！我已經把孩子交了出去，上帝不至讓他一口被鱷魚咬死吧？

左等右等，就在我前腳已踏出家門，準備親自前往一探究竟之時，女兒興奮大叫地跑來：「母親、母親！你快來！弟弟被法老王的女兒發現了！」

發現了?! 然後呢？女兒上氣不接下氣，斷斷續續地說：「公主來河邊洗澡，看見蘆葦中的那個籃子，就叫伺候的宮女去拿來。結果一打開籃子，看見弟弟在哭，公主就猜到這一定是猶太人的嬰孩。我看公主一臉愛憐的模樣，便大膽跑出來，問她說：『要不要我去找一個猶太女人來當他的奶媽？』公主說：『去吧！』所以我就跑回來了。」

感謝上帝！我趕緊跟著女兒跑去河邊。此時孩子正被公主逗弄著，已經停止哭鬧。看見我來，公主將孩子交到我手中，囑咐我替她撫養，等到孩子大一點，再把他帶回宮中，當公主的養子。她還要付我工資呢！這情勢的大回轉，豈是我先前所能預料到的！

我抱著嬰孩、牽著女兒走回家，一路上激動地眼淚直流。村子裡的人看見我，紛紛問我是怎麼辦到的？我猛搖頭說：「不是我！是我相信的那位上帝所使的大能！」因為他的信實，我終於不用再偷偷摸摸地撫養自己的小孩。而且，還意外得到一筆可觀的贍養費呢！

「上帝啊！感謝你的大能，你真真實實是可以信靠的！你不僅保守這孩子免於一死，將來還要讓他到皇宮裡受最好的教育與待遇。一個出生奴隸家族的異邦人哪！現在竟然有機會成為埃及大國的王子！上帝啊！你的慈愛與供應，果真超出我的所求所想！」

孩子坐在我腳上，不懂媽媽口中在喃喃自語什麼。經歷一趟有驚無險的里程，他又安然無恙地回到我懷中，好像沒事兒人一樣，睜大眼睛，無辜地看著我。我噗哧一聲笑了出來。沒關係，兒子！上帝不是剛剛才賜下好多好多時間給我們娘兒倆嗎？有關你自己的救贖、上帝給我們的應許，以及他的慈愛與偉大，一切的一切，有一天，我都會一一跟你道明白。

（取材自出埃及記第1章至第2章第10節）

Alexey Tyranov, *Moses Lowered by His Mother into the Nile*, 1839-42

嫉妒的火苗
——美莉安

那個古實[1]女人嘟著兩片厚唇，大搖大擺地走來。一個膚色黝黑，長相、想法、生活習慣等等都與我們大不相同的外國人，而且還來自一個拜偶像的國度！她如果是一般人也就罷，可是她偏偏是我的弟媳！摩西想都不想就把她娶進門。

我實在搞不懂，堂堂一個以色列民族的領袖，帶領兩三百萬人出埃及，在沙漠中，所有人的食衣住行、規範戒律、行走或安居，完全聽他的指令。這麼一個重要的大人物，幹嘛好端端地去娶一個外族人為妻？外邦人哪有我們優秀的血統！更不是上帝的選民。難怪我怎麼看這女人都不

[1] 古實：今蘇丹、衣索比亞一帶

順眼，總覺得她把鼻子抬得高高地，一副高人一等、目中無人的模樣。真是可笑啊！她忘了：要說到地位和才能，我們以色列女人中，還有人遠遠超過她哪！

別的不提，就說過紅海那件事吧！一年多以前，當我們逃出埃及時，上帝將紅海分開，讓我們在海中走乾地。但是當埃及的追兵過來時，海水又合攏，把敵人全數淹沒！當時那波濤洶湧、氣勢磅礡的景象，讓我不禁拿起鈴鼓載歌載舞。成千上萬的猶太婦女在我的領導下，一起高歌歡騰，齊聲頌讚上帝的大能與勝利！

我們以色列人就是特殊，就是擁有上帝的應許與青睞。摩西娶個外族人，簡直是給大夥添麻煩！

想來都是因為摩西缺乏深思熟慮，改不掉一貫衝動的個性。說實在的，摩西若沒有亞倫和我的幫忙，八成也成不了什麼氣候。他不善於管理，群眾只要一抱怨，他就沒輒。他還曾經試圖一個人去解決所有民眾的糾紛。兩三百萬的人哪！結果當然既耗時又費事，把他自己搞得焦頭爛額。最後還是他岳父葉特羅跟他建議提選能幹的人，作為每千人、百人、五十人，和十人的領袖，把權力分散出去，與人分工，他才不致發瘋！

再說得遠一點，當初他那條小命，可以說是我救的。當年埃及法老王為了抑止以色列人的繁衍，下令所有初生的男嬰都要被丟進尼羅河裡去。母親把摩西藏在籃子裡，放在河邊的蘆葦叢中，並派我在附近看守。後來籃子被法老王的女兒發現了，那時候如果不是我藝高人膽大，明智勇敢地跑去向公主推薦奶媽，讓摩西在進宮成為埃及公主的養子前，得以被自己的生母撫養長大，他大概到死都還不知道自己是猶太人！

那時我只不過是一個孩子，上帝就使用我來守護摩西，所以我確信上帝在他的拯救計畫中，也算上我一份的。我跟摩西一樣在意整個以色列民族的命運。我們姊弟三人，亞倫是祭師、摩西是上帝的發言人，而我，是一個位居領導地位的女人。帶領兩三百萬的人在曠野中行走，摩西沒有我與亞倫的幫助怎麼成?!許多女人家的問題，像是生產、糾紛、鬧意見等等，不都是由我來處理？人民尊敬崇拜我，稱我為女先知，並不是沒有來由。

摩西難道看不見嗎？難道他不知道他的姊姊在整個以色列民族的歷史中，也佔有一席之地?!

越想越生氣，忍不住跑去跟亞倫抱怨。他原先還不置可否，我更氣了！鼓動說：「你可是堂堂的大祭師，是上帝選派的！難道這回連說話的勇氣與份量都沒有?!摩西有上帝的同在，你就沒有嗎？沒有上帝的揀選，大祭師豈是誰想當就可以當的?!再說，難道摩西不會犯錯嗎？想想他失蹤的四十年吧！當初我們以色列人在埃及被奴役，他身為公主的養子，養尊處優，說什麼因為看不慣猶太同胞被迫害虐待，竟然就莫名其妙去殺死一個埃及人！結果東窗事發，他還不是夾著尾巴逃跑，躲得遠遠地，無消無息，在米甸[2]當個牧羊人，整整四十年！

若不是上帝的恩典，召他回來領我們出埃及，他現在可能還在放羊呢！所以說到底，摩西實在也沒什麼好誇耀的。再說，如果一切都是上帝的恩典，難道就只有他一人能得嗎？難道你和我沒有恩賜嗎？你看！我們以色列人這麼多，好女人也不少，但是他偏偏就要娶一個外邦女子為妻！這就證明他也有被沖昏頭的時候。」

亞倫越聽越有理，終於點頭稱是，站到我這一邊來。我們倆聯手去向摩西抗議。有亞倫相挺，我更加理直氣壯。而摩西大概是心虛吧？吭都不敢吭一聲！

然而我完全沒有顧慮到上帝的旨意。

上帝是不容被人操縱的。我和亞倫抱怨的每一字、每一句，他全聽見了。他立刻把摩西、亞倫和我叫到聖幕那兒去。從聖幕門口的雲柱裡，上帝的聲音說：「亞倫！美莉安！摩西和我有特

2 今日的沙烏地阿拉伯

殊的關係，我選派他管理所有的以色列人，給他清楚的指示，甚至讓他看見我的形象，你們怎敢頂撞我的僕人?!」

上帝發怒了！可怕的是：當上帝說完話，離開以後，我發現自己全身突然長出大痲瘋，皮膚潰爛，蒼白得像死屍！亞倫看我這個樣子，嚇得面無血色，馬上跪下來向摩西哀求：「請不要因為我們愚昧犯罪而使我們受這懲罰。不要讓美莉安像一出母腹就爛掉一半的死胎！」

摩西果然向上帝呼求：「上帝啊！求你醫治她！」

上帝回答說：「原諒她可以，但是罪的後果她必須承擔。你們必須將她驅逐到營外七天，之後才可以領她回來。」

這是規定，我非常清楚。凡是得這種皮膚病的人，就不准回營區，必須被隔離，以免傳染給別人。即使痊癒了，也必須經由祭師詳細檢查，確定完全康復之後，方可回到人群間。

一夕之間，我從一個領袖，在眾目睽睽之下，變成一個被驅逐的人。那羞辱與懊悔，讓我無顏見人。

此刻的我，孤零零地坐在營外的禁閉區，忍受著精神上的煎熬、身體上的痛楚。我是罪有應得嗎？上帝的懲罰公正嗎？

夕陽西下，放眼盡是一片蒼茫。曠野裡的夜晚寒冷又淒涼。一陣颼颼的冷風，更加凸顯四周的寧靜與孤寂。在這兒，遠離了所有人，沒有了爭端、責任，沒有了權力鬥爭，只剩下上帝雄偉的創造，對照著渺小、微不足道的我。

美莉安啊！你以為你是誰？竟膽敢質疑上主的安排與計畫？你是誰？哪裡有權去過問上帝揀選的僕人的作為？

我的腦袋被寒風一吹，漸漸冷靜下來。低頭看全身佈滿的瘡疤，流膿還散發著惡臭，就像我那被嫉妒高傲侵佔的心。

是啊！什麼時候，那個一向敬神、畏神、明智理性的美莉安，竟變成一個高傲自大、好爭好鬥、批評詆毀的女人？現在痲瘋佈滿我全身，不正像那邪惡的想法，漸漸污染我整個人？

當我坐在這兒，什麼事都無法做的時候，我的心安靜下來，心眼也跟著打開。我看見先前自己心中那股嫉妒、苦毒的怒火，不知何時開始被點燃。一不小心，添材加料，竟就大肆延燒起來！嫉妒的煙火，將我的眼燻蒙蔽，我能感受到的，只有不公、不甘，義憤填膺！

幸好上帝即時糾正勒戒，澆熄我心頭的妒嫉之火。否則我將會變成什麼樣的人，做出什麼邪惡的事，實在不感想像！

美莉安啊，美莉安！千萬不要以為屬靈道德上一次的勝利，就可以永遠告捷。人心是弔詭狡詐的野獸，稍不留意，他就反撲襲擊，將過去所有的榮耀與成就，毀於旦夕！我因為不滿摩西所有大權在握，自以為受到不公平的待遇，進而自尊心受傷、自憐、苦毒、心生敵意。

這顆黑暗烏濁的心，正是撒旦攻擊的破口啊！

我為什麼不懂得謙卑呢？與其越界去管別人的事、過問別人與上帝的關係，或是上帝對別人的帶領，處處與人比較，不如專注在自己的崗位上，忠心做好分內的事。畢竟，人如何能愚蠢無知到去評斷上帝的作為?!

神國的事，必須按上帝的時間、旨意來實行。靠來自人的智慧與判斷，只會誤事。我必不可高抬自己，而是應該破碎自我，完全順服在上帝的領導下。

回過頭來，還是得向摩西學習。我這個做大姊的，真是汗顏。摩西寬大為懷、虛懷若谷，毫無私心可言，無怪乎上帝會重用他！受到批評攻擊的時候，他不發一言，實是謙卑的表現，更是一個真正強者的風範！他不替自己辯解，全然交由上帝替他伸冤。

而在我受到上帝的懲罰之後，摩西不僅沒有幸災樂禍，反而感同身受，為我向上帝求饒，充分表現出對我的愛與寬容。其實一直以來，他只是在執行上帝交給他的任務，並不求個人的名利與榮耀。我是以小人之心，度君子之腹了。

全族人前往應許之地的行程，因為我的罪犯，整整被耽誤了七天。我多麼羞愧抱歉啊！上帝愛我，所以他管教我。我受苦，是與我有益。前方路遙，我仍需謹慎小心。在抵達終點以前，倚靠上帝的幫助，抵禦最猛烈難纏的敵人——我那易入歧途的心。

（取材自民數記第12章）

Anselm Feuerbach, *Mirjam*, 1862

兵敗如牆倒

——喇合

不管他們相不相信，勝負終要見分曉了。

許多次，在城牆上眺望城裡人照常買賣、談笑、嫁娶，這幅畫面傳入腦中，卻轉換成哭天搶地、逃命叫囂的混亂景況。我知道以色列人快來了！他們就近在咫尺。更重要的是：我相信他們將拿下我們這座城，這座堪稱攻不破的耶利哥城。

「胡說八道！」店裡的客人這麼譏諷我。「我們的城牆加上地基有十幾、二十公尺高哪！還是雙層的，以色列人怎麼攻打得進來？再說城裡食糧、飲水都豐盛有餘，就算他們要圍城，我們還可以撐個好幾年！」

奇怪的是：說這種話的人，沒有一個不面帶愁容、聲音顫抖。這些一向自誇驍勇善戰的耶利哥男人，恐懼之情溢於言表。那一聲聲強做鎮定的理性分析，與其說在斥責我，不如說在安慰他們自己。反正我這個妓女，在他們眼中原本就是不值得尊重之流，沒有人會傻到來和我討論國家大事。人人知道我喇合這兒，店家有名、待客周到、能言善道。尋尋開心可以，論意見，就沒人把我的話當真。

但是我知道以色列人正在節節逼近，我們的末日不遠了。他們的上帝替他們撐腰，沒有人是他們的對手！我們，除了消極地數算日子，還能做什麼？

等待死亡，卻等來了兩個探子！

傍晚時分，他倆才一踏進我店裡，我便注意到他們躲躲藏藏、不想惹人注意的神態。待他們一開口，那陌生的口音，更讓我確定來客的身分不尋常。不消多說，我大概就明白狀況。他們打算在我這兒過夜。開玩笑！以色列派來的探子，豈能安排在一般的旅館房間內?!我心裡很快地拿定主意，二話不說，將他們領到樓頂去，藏在我晾曬的麻稭間。

果然，天黑之後，門前就哄哄鬧鬧地來了官府的人。原來有人通風報信，說看見以色列人來城裡探勘偵察，要我把人交出來。

我使出平日招呼客人的手腕，臉上堆滿笑容迎上前去。聽完他們說明來意之後，再擺出一副驚訝的表情，勢態嚴重地說：「探子?! 唉啊，真是糟糕！今天確實有人來過我這兒，但是我不知道他們是誰。他們在太陽下山、城門關閉以前就離開了。我也沒問他們要去哪兒！不過他們應該還沒走遠，如果你們現在趕快去追，一定可以追得上！」

我在旁拚命催促慫恿、唱作俱佳，官府的人竟信以為真，快馬加鞭追人去了。

我小心翼翼關上門、上了鎖，確定官員離開城裡之後，便上樓找那兩個探子。

「剛才是來捉你們的官府人員，」一開口，才發現自己因為緊張激動，心跳得好快！「我並不是賣祖忘宗的狼心狗肺，之所以救你們，是因為我知道上帝已經把這塊土地賜給你們。城裡的每一個人都懼怕你們。我們聽說過，你們離開埃及的時候，上帝怎樣使你們前面的紅海乾涸。也聽說過，你們怎樣殺滅約旦河東岸的兩個亞摩利王。我深信你們的上帝是掌管天地一切的真神。現在，我既然冒著生命危險救了你們一命，就請你們指著這位上帝對我發誓，一定要保護我和我一家人的安全！」

那兩位以色列探子還算是君子，並沒有因為我的示弱而趾高氣揚、佔我便宜。「只要妳不洩露我們的秘密，我們願意拿性命做擔保，在進攻這座城的時候，絕對不會傷害妳一根汗毛！」

這是上帝的憐憫吧？我本來只能被動地等死，現在卻出現了一線生機！

也幸好我家就蓋在城牆上，家裡正好還有一條自己編的紅麻繩，夠長、夠結實。我將繩子綁在窗口上，讓那兩個探子縋下去。一邊囑咐他們先到山裡去避避風頭，三天之後再出來。

情勢相當緊急，三人都滿頭大汗。雖然天色已晚，光線晦暗，但是還是得小心行事，免得東窗事發。

那兩個以色列人在臨走前，再一次鄭重地說：「我們一定會遵守諾言。等我們來攻打這座城的時候，妳務必把這條紅繩子綁在窗口上，作為記號。並且把所有的家人都集中在這裡，不要跑出去。這樣我們一定保證你們的安全！」

那天以後，這條紅繩子就一直原封不動地綁在那兒。我每天都會去試試、拉拉、綁緊一下。不知道以色列的軍隊何時會到？看著這條紅得像一柱血流的繩子，我深信我和我一家人，會因為它而保住性命！

不久，聽說以色列人渡過約旦河了，就在我們鄰近的吉甲紮營。上帝再一次讓河水乾涸，方便以色列人過來。在河西岸的所有人，上自君王，下至平民百姓，無人不膽顫心驚。耶利哥城開始嚴加戒備、草木皆兵，城門鎮日緊閉，就為防止以色列人的入侵。

我抓住窗口的紅繩子，相信自己站在勝利者這一方。

以色列人進攻的方式非常神奇，耐力十足！面對耶利哥城高不可及的城牆，他們的辦法是一群人安安靜靜地走著：前方是先鋒部隊，後面跟著七個吹號角的人，領著一個方形的木櫃，最後是後衛隊。這一群人就這麼浩浩蕩蕩地護衛著那個奇怪的木櫃，繞著耶利哥城走一圈，然後什麼動作都沒有，就撤退了。

城裡的戰士們早已經嚇得魂不附體，不知道以色列人葫蘆裡賣的是什麼藥。正在慶幸他們只繞城一圈就走了之後，沒想到隔天又上演同一碼戲！以色列人這麼安靜地繞城走，不只是一天兩天，而是總共六天！城裡的士兵幾乎要瘋了。要打就直接打過來嘛，短兵相接，死也死得痛快！但是他們這麼拖著，風聲鶴唳、冷風颼颼，像在預告我們的死期。那陰森、壓迫的氣氛，把每個人搞得幾乎精神崩潰！

到了第七天，天才一亮，以色列的部隊又來了。這次，他們沒有照例繞完城牆一圈就回營。這次，他們總共繞了七圈。繞完第七次之後，只聽見號角一吹，緊接著所有以色列人齊聲吶喊，像雷一般震天價響！

耶利哥城裡的士兵，拿著刀劍的手顫抖不已，倆腿直打哆嗦，不戰已敗。在以色列的號角聲與長吼之後，突然天搖地動，那固若金湯、名聞遐邇的耶利哥城牆，竟然就這麼應聲倒塌！只見以色列軍隊直衝進來，瞬間片地血腥。

奇妙的是：我家所在的這面城牆，竟然還好好地豎立在原地！但是救兵在哪兒呢？我和家人緊緊相擁，不知所措。混亂中，那兩位探子出現了！他們果然遵守諾言，把我和家人護送出城，安置在他們營外的安全地區。我們驚魂甫定，回頭一瞧，只見耶利哥城陷在一片火海中……。

直到今天，耶利哥城淪陷的畫面還歷歷在目。我雖然失去了舊有的家園，卻得著一個嶄新的身分——以色列人接納我們成為他們的一份子，允許我們住在他們當中。

後來我才知道：他們當初繞城時所抬的木櫃，叫做約櫃。裡面放著上帝透過摩西所賜下的律法。約櫃所在之處，就代表上帝的同在。

而領軍的叫做約書亞。他後來又帶領以色列人攻下其他的城，佔領迦南全地，靠的全是上帝的應許與幫助。約書亞要求我們敬畏上帝，真心誠意地事奉祂，並除掉過去所膜拜的一切神明偶像。

這對我來說並不難。早在耶利哥城未被攻下之前，我就因為聽見以色列人的經歷，而決定要追隨這位真神。從前我信口開河、輕浮又淫蕩，但是上帝不嫌棄我，容我歸入他的子民中。而且因為我一人信，全家都得救了！

現在我們活著的每一天，都是他信實可靠的最好印記。這麼好的一位上帝，不跟從他，還跟從誰呢？

（取材自約書亞記第2章與第6章）

Unknown, *Rahab and the Emissaries of Joshua*, 17th century

堅持做對的事

——路得

初秋，又到了收割的季節。麥田裡幾位包著頭巾、腰繫麻袋，正彎腰撿拾麥穗的婦人，對照著遠處成堆的麥綑，以及隨風傳來陣陣的農場工人笑聲。我曾經也是那些婦人中的一份子，眼利手快地重複著低頭屈膝、向前躬俯的動作。每一次伸手，就多一份溫飽的希望。

現在，我悠閒地牽著孩子過來散步，不敢相信這一切都屬於我。

該從哪說起呢？

當年，我是一個年紀輕輕、所知不多的外邦人，隨著婆婆回到她的家鄉。很多人問我：究竟哪來的勇氣，是什麼力量促使我願意跟婆婆一起回來？畢竟她的年事已高，不可能再有什麼作為。而且我必須離鄉背井，到一個不同文化，完全陌生，甚至對我的族人有所歧視的地方。

老實說，我覺得這個問題有點奇怪。因為答案不就在問題中嗎？正因為我婆婆年紀大了，無依無靠。別看從摩押到伯利恆只有區區一百九十公里的路，卻必須攀山越嶺、橫越溪谷，還要渡河。如果我不跟著回來，她一個老人家，沒有人陪伴，怎麼過得去？

婆婆待我視如己出，處處為人著想。上了年紀了，不僅死了丈夫，連兩個兒子都相繼去世。白髮人送黑髮人已經夠可憐的，她還必須經歷兩次這樣的心碎！而且又身在異鄉，情景真是悲涼。

當年婆婆和公公兩人，為了躲饑荒，帶著兩個兒子離開家鄉伯利恆，來到異族人居住的摩押地。他們必須在異地裡適應新的環境與習俗，說起來真是不容易。但是對我而言，卻是幸運！因為瑪倫——他們的長子——看上了我，娶我為妻。後來瑪倫的弟弟基連也娶了一位我們摩押族的女子俄珥巴。

我們一家生活在一起，從來沒有什麼爭執與不快。婆婆對我們非常好，雖然我們對他們來說是外邦人，但是婆婆從來沒有看不起或嫌棄我們，反而將我們當親生女兒看待。而我，自從嫁過來的那一天起，就認定了這一家人。夫家就是我的家，丈夫的父母，就是我的父母。

想起當年我們一家相依為命，日子雖不富裕，但也還過得去。瑪倫經常跟我講他們以色列的歷史，說他們所信仰的上帝又真又活又信實。他描述上帝如何帶領以色列人離開埃及，解開長達四百年的苦役，在沙漠中引領他們四十年，賜給他們食物和飲水，最後終於帶領他們進入迦南美地。

我聽得津津有味。這位神，在我心裡漸漸生了根、落了腳，我感佩他的信實，對他的大能與慈愛也崇敬不已。我相信：在他的庇蔭下，任何事都不可怕。有他的引導與指示，生命便有一個可信靠的指標。

我們知足常樂，一切是那麼美好。

可惜，丈夫和我的姻緣太淺，不到幾年的功夫，先是公公去世，後來瑪倫和基連也相繼走了。周遭的人都說我們倒楣犯忌，留不住男人。更有人惡毒地說：我們活該嫁這些外族人，相剋的結果，害他們年紀輕輕就命喪黃泉。

我聽聽就是了。旁人的閒言閒語，進不去我心裡。我只是相當懷念和丈夫相處的時光，感謝他給我溫柔的關注與無限的情愛。而且他也打開了我的視野，讓我認識到這位慈愛信實的真神。雖然肉眼看不見，但是冥冥中他一直在引導。這些，讓我的生命在精神的層面上富足豐盛。縱然無法和丈夫白首偕老，但是我們曾經擁有的夫妻歲月，卻是我人生中的重要里程碑。

而且，我還有婆婆呢！我們這一家，雖然人數減去了一大半，但是還不致於全然無望。婆婆的景況比我淒涼得多。她老來失去一切依靠，沒有錢、沒有權，沒有了青春和體能，換成任何人，可能都會支撐不住。婆婆鎮日以淚洗面，看到她如此哀傷無助，無論如何我都得打起精神，逗她開開心。

沒錯！家裡少了男人，生存的壓力變得真真實實，一開始確實讓我們手足無措。我常常看到婆婆若有所思、心事重重的樣子，讓我很不忍心。終於，婆婆把我和俄珥巴叫到面前，語重心長地說：「這個家，已經不像個家了。我打算回伯利恆去，畢竟那是我的家鄉，要死也要死在那兒！我勸妳們還是各自回娘家去吧！看看有沒有適合的男人，早日改嫁算了！願上帝賜福給妳們。」

俄珥巴和我一聽，不禁淚流滿面，直說不可能、做不到！我們怎麼樣都不能丟下婆婆一個人孤苦無依，然後心安理得地去尋找自己的幸福。不行！婆婆要回去，我們大夥就一塊兒走！

婆婆極力勸阻：「我的歲數已大，不可能再生一兩個兒子來照顧妳們。趁妳們還年輕，必須為自己的將來打算。」

婆婆就是這個樣子！向來都不為自己著想。她只知道我們需要一個男人來依靠、照顧我們終老。但是她自己的晚年呢？一無所有！不為自己打算打算，反而關心我們這兩個年輕力壯的人，聽來直叫我痛心感動。

拗不過婆婆的遊說，俄珥巴終於點頭，含淚和婆婆道別。我說什麼都捨不下婆婆，毅然決然地說：「不要再趕我了！妳去哪兒，我就去哪兒。妳睡哪兒，我也睡哪兒。妳的民族就是我的民族，你的上帝就是我的上帝，我們死也要葬在同一處！」

我知道：這種情況下，如果我離開，所有的人都能理解。但是，心裡就是有一個聲音不斷催促著：這不是我應該做的決定！這樣做不對！

婆婆看我心意已定，便不再多說。我們娘兒倆相擁而泣，此時的兩顆心靠得好近！

回伯利恆的路相當難行。每翻過一個高山，我便肯定自己和婆婆同行的決定。每過一個峽谷，便慶幸還守候在婆婆身邊，攙扶她蹣跚的腳步。婆婆總是用感激的眼神看我。一路上她的話不多，但是我知道：這段路，讓我們彼此的距離化為零，她明白我不離不棄的心意，我則充滿對丈夫家鄉的憧憬與期待。

好不容易回到伯利恆。城裡許多人還認得婆婆，不敢相信當年離開的拿俄米現在回來了！婆婆看見自己的族人，聽見別人用熟悉的音調叫自己的名字，一時不禁悲從中來，忍不住宣洩心中的苦毒與哀傷。我了解她複雜矛盾的心情：一方面終於回到自己的故土，不用客死他鄉；另一方面，沒有衣錦還鄉不說，還落魄到一貧如洗、夫逝子離，情何以堪！但是她仍不忘拉著我的手，對眾人說：十多年過去，她落得一無所有，只剩下這個忠心孝順的媳婦路得。

不久，「拿俄米帶著一個年輕的外族媳婦回來」之聲不脛而走。我因為忠心對待婆婆，城裡的人便也對我非常友善，沒有一貫對外邦人的鄙夷與唾棄。只是，我必須想辦法維持生計，眼前的當務之急是照顧好婆婆。因為旅途的勞頓，她變得更加虛弱，不能再讓她餓著肚子！

時值大麥收割的季節，我想到可以去撿人家掉落的麥穗。詢問婆婆的意見，她並不反對。於是隔天我起個大早，就往田裡去。沒想到上帝對我真是仁慈，才開始拾穗不久，就認識了波阿斯。

說到和波阿斯的姻緣，也許你們會覺得很不可思議。一個年輕女子，怎麼可以趁男人躺下睡覺時，掀開他的被褥，偷偷躺在人家的腳邊？這不是自己送上門去，太自貶身價了?!

我當初的想法是這樣的：在這個陌生的環境中，我所能做的，就是聽婆婆的話。婆婆和我之間的情感，經過許多年的朝夕共處，挺過翻山越嶺的煎熬，到了這步田地，可以說比親母女還親。我深知她寧可自己受屈辱，甚至死，也不會做任何對我不利的決定。而且這裡是她的家鄉、她的文化與故土，該怎麼做，她一定清楚。所以我信任她！

波阿斯是個大財主，我拾穗時碰巧來到他的田地。他對我百般照顧，不僅吩咐僕人不可欺負我，要刻意留下許多麥穗讓我撿，而且還供給我飲水和食糧。婆婆發現他是公公本族的一個至親，按照習俗，他有義務照顧我們。不過這只是原因之一。婆婆聽我描述波阿斯的善行，心裡認定他一定是一位有眼光、有智慧，且深具品德修養的人。換句話說，是個可以依靠終身的好男人。所以她指示我先將自己洗淨、打扮得宜，然後等天黑之後，趁波阿斯在禾場簸完穀休息時，躺在他腳邊。

結果事實證明婆婆的意料沒錯，波阿斯用行動證明他確實是一位正人君子。當他在夜裡醒來，發現我躺在腳邊時，不僅沒有理所當然地占我便宜，反而將我對亡夫家族的忠誠，以及對他的許身，視為一種榮幸。他反過來感激我說：以我的年輕貌美，大可以找同樣年輕力壯的男子為夫。但我卻不嫌棄他的年長，願意委身於他！

波阿斯便以謹慎體貼來回報。夜深人靜，他不僅保守我全身，沒動我一根汗毛，還刻意在天未亮時，倒了二十公斤的大麥給我，然後小心地打發我離開。因為他不願讓不知情的人看見我，惹來閒言閒語，傷了我的名聲。

婆婆預料波阿斯當天不辦妥和我之間的事，是不會休息的。原來我的改嫁還牽涉到公公家留下的土地：以色列有一個習俗，為了讓已故族人的名能存留在本鄉本族中，贖買公公產業的親族，必須一併娶我這個寡婦為妻，好讓土地保留在公公的名下。而贖地的先後順序是以血緣來決定的。波阿斯雖然是公公的至親，但是還有一位比他更親的族人有優先權。

於是波阿斯找來那另一位至親，又請來城裡十位地方長老當證人，當眾詢問那個人贖地、以及照料我這個遺孀的意願。那位至親考慮到即使買了地，也只是替別人延續香火，土地不在他的名下，因此意願並不高。如此一來，贖地權就落在波阿斯的手上。他對所有在場的人宣布：「我已經向拿俄米買了她丈夫和兒子所有的產業，而且她的媳婦路得也成為我的妻子。今天，你們都是這事的見證人。」

這就是一個一無所有的拾穗外邦女，如何變成猶大地區大財主夫人的經過。上帝不僅祝福波阿斯和我的婚姻，還賜下一個兒子！婆婆和我們分享這來自上帝的恩典與喜悅，我們全家生活在一起，共享天倫。婆婆雖然失去了丈夫和兒子，卻得到了一個金孫！她的晚年不只是得以溫飽，還豐盛有餘，並有家人的陪伴。在她飽經滄桑的臉上，終於又展現了滿足的笑容。孩子給她帶來新的活力，現在，她是我們兒子最佳的玩伴和保姆！

回到先前的問題：當初哪來的勇氣，究竟是什麼力量促使我願意跟婆婆一起回來？我必須說：我並沒有什麼特別的勇氣，或是超人的力量，我只是堅持做對的事。還有，就是被那位信實的真神深深吸引，我一心想成為他的子民，安歇在他的庇蔭中。

其實，剛回到伯利恆時，每天天未亮就起床，在田裡彎腰拾穗，體力上的辛勞與疲憊，有時候想到前途茫茫，也會心煩意亂。但是每當想到婆婆欣慰地迎接我回家，看她咀嚼薄餅時的滿足笑容，知道我還能憑一點點微薄的力量讓她溫飽，就覺得自己的苦力值得。而且最重要的，是已經作了決定，就沒有後悔的餘地。既然留了下來，我的唯一依靠，是丈夫婆婆所信仰的上帝，相信他會幫助我照料安慰這位苦命的婆婆。

盡一己之力，做該做的事，其餘的就交給上帝。

結果，看啊！當初的苦跟今天的喜樂相比，算得了什麼呢？我不過將微薄的自己交出去，上帝便傾洩滿滿的祝福，連本帶利，全都還了回來。

（取材自路得記）

Hugues Merle, *Ruth in the Fields*, 1876

總有一天等到你

——哈拿

今天早晨我發現自己是笑著醒過來的。一隻手伸出去，正要牽那嘻笑、向我跑過來的孩子。突然間小孩的笑聲從單薄變成豐盈，他們手拉手圍成圓，將我圈在中間。我如置身天堂一般，喜悅與快樂都不足以形容。

原來我的心還未死，原來我還在殷殷期盼著。雖然日復一日，年復一年，承受著比尼娜的譏笑與折磨，背負著對丈夫以利加拿的愧疚。是的！這顆噗噗跳動的心，仍舊感應得到尖刺的疼痛。好比現在，夢醒時分，現實的冷酷再次無情地打壓下來：哪有什麼嘻笑聲？哪有什麼成群小孩?!我的兩手空空，從夢裡延續來的笑容僵硬在冷風中。一滴清淚，還流得出來，連我自己都感到驚訝。

究竟是諷刺還是玩弄，為什麼你讓我擁有丈夫的疼愛，卻生不出孩子？老實說，有時候我實在提不起興致——或者應該說沒有勇氣——再去向你求告。因為害怕必須再次忍受那失望的椎心之痛！我不知道該說些什麼，開口卻無言，有的盡是沮喪、虛空、無力與憂愁。我知道你不是一個漠不關心的神，我也知道我的禱告不只是自我的心理治療。但是你的沉默不語讓我不知所措，無盡的等待又讓我心灰意冷。於是我離開你、忽略你，彷彿你已不存在，跟我的問題沒有任何關係。

但是離開你也解決不了問題。我仍舊陷在困境中，仍舊沒有出路，不知何處是寄託。然後深植在心中的信念又將我拉回你的身邊，一個清楚的聲音頻頻問道：難道我不知道你是唯一的依靠與幫助？我深知除你以外，沒有聖者。你能賜下生命，也能奪取性命。你是唯一的保護者。

即便是愛我至深、尊重我意見的丈夫，終究也無法瞭解我的傷痛。一個兒女成群，擁有兩個妻子的男人，哪能體會女人不孕的羞辱與可悲？他說：「有我難道不比有十個兒子好嗎？」他不明白，我並不是對他不滿意，而是對女人來說，有丈夫、有孩子，生命才完整，才是一個圓。摒棄我渴望當母親的天性不談，生兒育女是女人的天責，是天經地義的事。如果我連這一點都辦不到，別說別人瞧不起我了，連我自己都很難對自己交代！

但是上帝啊！你知道這哪是我能控制的事？我還能怎麼努力呢？人本來就不能靠自己的力量取勝，更何況是賜下生命的大任？比尼娜蒙你的福，生兒育女。我能了解她的得意，她的孩子們確實都活潑可愛。但是她沾沾自喜，變得狂妄殘忍，以此作為攻擊我的武器。總是在眾人面前拉大嗓門說：「哈拿啊，哈拿！妳是不是造了什麼孽才會生不出孩子來？」「哈拿啊！咱們的老公待妳可不薄，妳的肚子怎麼就這麼不爭氣?!」

最難受的是每年去示羅獻祭敬拜的時候，丈夫都會把祭過的肉分給比尼娜和她的兒女各一份。雖然我無兒無女，但是因為丈夫的疼愛，分得了雙份。比尼娜總是怨恨忌妒、不屑地說：「何必呢？多浪費東西啊？吃得再多，也不見她生得出一兩斤肉來！」

上帝啊！這些你都聽到了。你要我怎麼回答？我真的那麼不值嗎？上帝啊！我知道人間處處有苦難，只求你不要讓我變得苦毒、怨恨，求你務必要保守我的心，賜給我力量，讓我做正確的事、說正確的話。請告訴我：你要我在其中學習什麼？你的目的與計畫又是什麼？能分得多少肉我一點都不在乎，事實上我根本沒有胃口吃任何東西。我多希望能夠不去示羅，避免和比尼娜因為祭肉的衝突。但是去示羅是要去敬拜你，我能不去嗎？我應該不去嗎？

上帝啊！這一趟路必行。但是請你賜給我智慧去面對挑釁，給我勇氣與力量去承受羞辱！鼓足了全身的力氣再次走這一趟難堪的旅程。無奈當比尼娜的口再次吐露輕蔑，臉上佈滿鄙夷時，我便又完全被征服打敗。

人啊人！你是多麼軟弱！

神啊神！請你止住我淚水的奔流！

在上帝的殿宇裡，我再也止不住悲傷，忍不住對你傾洩心中所有的愁苦與想望。上帝啊！你沒有忘記我吧？你會眷念、垂顧我吧？你知道我的苦情，如果你願意的話，就請賜給我一個兒子吧！我會把他的一生獻給你，做你忠心的僕役。

我全神貫注地禱告，全世界都被我遺忘了。突然身旁傳來一陣嚴厲譴責的聲音：「妳還要醉到幾時？怎麼可以隨便亂喝酒？」是祭司以利在說話。

醉酒？誰？我嗎？在上帝的殿堂裡？怎麼可能?!我對你有太多的敬愛與尊崇，這等失禮失敬的行為，我想都不曾想過！

回過神來，趕緊在臉上胡抹一陣，將淚水拭乾。我聽見自己哽咽顫抖的聲音說：「先生！我滴酒未沾，只是心裡愁苦，正在向上主傾吐我的苦情。我不是個不規矩的女人，你看見我不出聲音，只動嘴唇，那是因為我在虔心禱告，向上主傾訴我的悲傷痛苦。」

也許是我認真的表情說服了他，也或許是我擋不住的哀傷感染了他，這個殿堂祭司聽完我的話之後，眼裡竟然流露出同情與理解。一個男人呢！莫非他真的能明白我的痛苦？

原本我的心在禱告後已坦然平靜許多，現在更出乎意料地聽見以利開口說：「妳安心回去吧。願以色列的上帝照妳所求的賜給妳！」

啊！這是你的應許吧？我一直就知道事情會有轉機，一直就知道貧窮、富貴、卑微，或尊貴，全由上帝掌握。雖然我看不見未來，也沒有確據，但是我仍然要信：你是聆聽禱告的上帝，你讓我心裡充滿喜樂，使我抬得起頭來。

心裡的那份篤定，跟呼吸一樣自然，與天地一樣實在！我回答以利：「只願你常以仁慈待我。」說罷站起來，才發現自己飢腸轆轆，好久好久沒有這番飢餓的感覺了。我起身離去，臉上竟掩蓋不住笑容。

我會再來這裡的！再來見這位你的僕人，而且要帶來我親生的孩子，證明你的信實！

後記：

又到了去示羅獻祭的日子。我摺好要帶給撒母耳的衣服，彷彿已經看見他又長高了許多。以前這段最痛苦的行程，現在卻成了一年中我最最期盼的事。自從我將長子撒母耳獻給上帝，在祭司以利的教導下事奉之後，每年我都會細細織縫，用上帝賜給我的巧手，注入滿心滿意的愛，製成一件新衣裳給兒子穿。雖然我們母子一年才見一次面，但是這是我對上帝恩惠的感念。這個孩子是我向上帝求來的，我把他獻給上帝，上帝一定會大大地使用他！

說這話的當兒，肚裡的胎兒正在使勁兒地踢。老二在學堂學寫字，老三嚷嚷著肚子餓，老四和老五在前院玩泥巴。沒錯！我獻給上帝一個兒子，他回饋我五個小孩！這豈是當年不孕的我能料想到的？雖然小孩一多，身邊圍繞著的，不會只有笑聲。但是心裡卻總是充滿甜蜜與喜樂。我清楚記得多年前的那個美夢，當年夢醒就等於心碎。但是現在，不論在夢裡夢外，我都真真實實地牽著自己孩子的小手！

比尼娜早已噤聲。往日我的折磨者，現在也看清了上帝的大能。驀然回首，舊日的受辱與苦痛都不足掛齒。上帝藉由我展現了他的憐憫與榮耀，而他授與的「凡事信靠」的功課，也豐滿、引領著我的一生。

（取材自撒母耳記上第1章）

Frank William Warwick Topham, *Hannah wife of Elkanah takes her young son Samuel to the temple at Shiloh*

信心的躍進
——撒勒法寡婦

烏雲密布、雷聲隆隆，滴滴雨水，捧在手上，宛如玉液瓊漿。不久，大雨傾盆。三年半的乾旱終於結束了！

以利亞啊，以利亞！聽說你一個人單槍匹馬去跟假神巴力的四百五十位祭師對抗。他們求巴力降下大火，一群人圍著祭壇跳舞狂叫，還用刀槍砍傷自己，直到皮開肉綻、血流如注，但是始終沒有來自巴力的任何回應。輪到你向以色列的上帝求告時，大火從天而降。不僅上帝悅納、燒掉祭壇上的牲祭，甚至連祭壇上的石頭都燒焦，周圍溝裡的水也燒乾。民眾歎為觀止、敬畏不已，民心因此歸向上帝。

以利亞求火，火就來；喚雨，雨就下。上帝應允他的禱告，因為他確實是上帝派遣的先知。

現在的以利亞是大家有目共睹的英雄了。但是在這之前，以利亞有一番全然不同的樣貌。在這之前，我與他有一段不尋常的邂逅：

大約兩年前吧？那時候乾旱正嚴重，穀物農作一片枯乾，井裡一滴水也沒有。時局不好、景氣不佳，尤其對兒子和我這對孤兒寡母來說，生活更是艱辛。兒子年紀小，抵擋不了缺水缺糧的情況，變得體弱多病。我看著罐裡僅剩的一把麵粉和瓶裡的一點橄欖油，決定打起精神，拖著自己也漸趨羸弱的身體，去撿些木材來生火。用光家裡這些最後的存糧，吃完最後一餐，之後，大概就是和兒子一起等死了。

就是在這個節骨眼上，我遇見了以利亞。

但是你們別想錯了！他並不是衣著光鮮，一副神采飛揚的英雄姿態來營救我們。相反地，他衣衫襤褸、落魄不堪，跟一個乞丐沒有兩樣。

這個一無所有的陌生人看見我，便開口向我要水喝。真是可憐啊！一個堂堂以色列的大男人，長途跋涉到異鄉，還落魄到得向我這個一文不名的外族寡婦討水喝！我看他疲憊不堪的面容，滿身的污泥還發著臭，想想竟有比我和兒子更可憐的人！遂答應他的請求，準備去取水來給他喝。

沒想到才一轉身，他就在身後喊道：「也請帶一些吃的過來吧！」「吃的？」這不是在跟我開玩笑吧？你看我在這撿材幹嘛？不就是打算用這最後的一點點材料，做些薄餅，供我可憐的兒子裹裹腹，自己再分點剩下的殘屑，安慰一下飢腸，別的就真的沒有了！

結果他竟然臉不紅、氣不喘地堅持說：「別擔心！就照你說的去做。可是要先做一塊小餅拿來給我，然後再用剩下的做給你和兒子吃。」

很不可思議吧？是不是有點恬不知恥呢？一個苦哈哈的乞丐，竟大言不慚地要我「別擔心」?!照理說，我應該吐把口水，罵他神經病，理都不必理，掉頭走人！但是這人的氣度、說話的語氣與神態，並不同於一個傲慢不知羞恥的狂徒，也不像只想佔人便宜，或是腦筋燒壞的瘋子。

接下來他說的才稀奇：「以色列的上帝這樣說：『一直到我降雨的那一天，你罐裡的麵粉必不減少，瓶裡的油必不短缺。』」

哇！這是什麼人？難不成他會行奇蹟？是不是我一直以來尋求的、冥冥中的上帝顯靈了？眼前這個落魄的人，看似孤獨，又不孤獨。他說上帝與他同在。但是也真奇怪！他的上帝不帶他去一個有權有勢的人家裡享受，竟派他到我這個窮困潦倒的寡婦這兒來！我都自顧不暇了，哪有能力來供應一個陌生人的食衣住行？這實在太違背常理、太顛覆常人的作法和思維了！

雖然理不出一個頭緒，但是心裡有股力量催逼：不能見死不救！我把牙一咬，「罐裡的麵粉必不減少，瓶裡的油必不短缺」是嗎？好，我相信！

我乖乖地照他的話去做。生或死，突然變成次要的了。我想：把僅剩的一切擺上，其餘的，就看你的上帝怎麼處置。

於是我領以利亞住進我們家。一天過去、兩天過去、幾個禮拜都過去。你猜怎麼著？天天三口人等著吃東西，我罐子裡的麵粉卻用也用不完、瓶裡的油怎麼倒都倒不盡！

莫非他真的是上帝派來的先知？沒有敲鑼打鼓，也不用虛張聲勢，我每天打開罐子、瓶蓋，在平靜中支取源源不絕的食糧。但同時，這又是多麼不可思議的神蹟啊！以利亞所信靠的以色列上帝，真是又真又活！在這個遍地饑荒、民不聊生的世代，上帝如此憐憫關照我和兒子，實在讓我有說不出的敬畏與感激。

後來以利亞斷斷續續告訴我他這些年來的經歷：因為以色列人背離上帝，上帝便派以利亞到以色列王亞哈面前，預告乾旱將臨。除非以利亞開口向神求告，幾年都不會降雨。

結果真如他所預言的：乾旱遍地肆虐。亞哈王怪罪以利亞，下令全面追捕他。上帝就指示以利亞往約旦河東邊走，藏身在那。有一年多的時間，以利亞是靠喝溪裡的水，吃著烏鴉叼來的餅和肉過活的。

說起來，他這不是自討苦吃嗎？誰願意在旱災中受苦呢？他只要開口禱告，上帝就會降雨，對他自己也好啊！但是他卻不肯！他說他願意吃苦，因為上帝正用困境與看似羞辱的方式來讓他學習順服。只要上帝的時候未到，他就必須堅持下去。他的任務是要喚醒腐敗的亞哈王，以及拜假神的以色列人民。他要引導他們歸向真神。

以利亞把自己搞成人民公敵、國王要追殺的頭號敵人。在溪邊躲了一年多之後，溪水枯竭，沒水喝了，他便跑到我們撒勒法這裡來。

我看他每天禱告、敬拜上帝、與上帝交通。他告訴我：「不要憂愁吃什麼、喝什麼。上帝知道我們需要這些東西，他自有安排。你看，他不就透過你，供給我庇蔭與食糧嗎？」

除了敬虔的禱告生活以外，和他生活在一起的兩年時間裡，他從來沒有占我便宜。要知道，在這個普遍拜巴力神的社會上，人們對道德的敗壞早已習以為常，男女行為的放蕩更是家常便飯。但是以利亞不然，他是一個正直有操守的正人君子。

一切的一切，都讓我對他所信仰的上帝啞口無言——我心甘情願歸信於他。

但是人的信心何其脆弱、不堪一擊啊！

就在我享受不愁溫飽、信仰的安慰與喜悅時，和我相依為命的寶貝兒子卻重病不起。不論我多麼細心周全地看護，他還是一天比一天虛弱。先是氣如游絲，最後竟撒手人寰，病死在我懷裡！

我呼天搶地，痛不欲生。滿胸滿腦的不平、哀傷、怨怒，一股勁兒全朝以利亞及他的上帝發洩！什麼真神、什麼信仰，我全不要了。我只要我的寶貝兒子回來！我向以利亞大吼：「這是你給我的回報嗎？難道你跑到這裡來，是要提醒上帝我的罪過，所以他才讓我的兒子死掉?!」

以利亞早已經淚流滿面，他的哀傷並不亞於我。突然，像被電擊一般，他跳起來，一把將孩子從我懷中抱走，咚咚咚地直往樓上他住的房間裡去。

我整個人都癱掉了。哭倒在地上，希望就此死去！

時間，不知道過去了多久。世界，除了眼淚和鼻涕，只剩下一片漆黑。

我聽見以利亞下樓的聲音。他還能說什麼？他和他的上帝，最好永遠在我眼前消失掉！

但是他沒有走掉。相反地，他走到我身邊，疲軟卻又帶著興奮的語氣說：「看哪，你的孩子活了！」

我還在憎惡詛咒他的身影。什麼？你說什麼?!

一雙淚眼揉了又揉、擦了又擦。以利亞懷中瘦弱的小身子，胸脯似乎微微起伏……！

我瞄了以利亞一眼，他喘噓噓地向我點點頭。慢慢地、不可置信地，我伸出顫抖的雙手，把兒子接了過來。

是真的！他還在呼吸。我的兒子又活過來了！噢！請不要試探我脆弱的心，我承受不了的！

前一分鐘我還在咒罵以利亞，不想跟他的上帝有任何關係。現在，羞愧與抱歉才是我真實的心境。「以利亞，」我忍不住又哽咽了，「對不起！……我明白了……你確實是上帝派來的。你說的話都是上帝的旨意。」

後來我才知道，原來以利亞把兒子抱上樓後，就將他放在床上，大聲殷切地為他禱告：「我的上帝啊！你為什麼降災禍給這寡婦呢？我借宿在她家裡，你卻讓她的兒子死掉！」他連續三次撲伏在兒子身上，不斷祈求：「上帝啊！請你救救這孩子，讓他活過來吧！」

上帝聽他僕人的禱告，回應他們的祈求。所以，以利亞的信心增強了；所以，我的兒子又回來了！

不久之後，以利亞聽見上帝的指示，說要降雨的時候到了。因此他不懼危險，再次去找亞哈王。

這會兒這震耳欲聾的雷聲、傾盆大雨，不就是上帝與以利亞同在的再次證明？有耳的人要聽，有眼的人要看哪！千萬不要再執迷不誤，背離真神上帝而去膜拜什麼都不能做的假神。

我自己也曾猶豫，也曾懷疑。但是上帝對我施予恩典，賜給我機會，讓我放棄看得見、摸得著、可以算計的東西，轉而去抓住眼睛看不見的應許。後來又在我哀傷絕望時，展現對我的慈愛，教導我要全然信靠那位給生命、取生命，掌握一切的偉大上帝。

以利亞跨步前行，我和兒子留在原地。但是我知道：我們對上帝的信心，在這段時日裡，儼然向前躍進！

（取材自列王紀上，第17章與第18章）

Bernardo Strozzi, *Prophet Elijah and the Widow of Sarepta*, oil on canvas, 1630

死也不足惜
——王后以斯帖

坐在梳妝台前，宮女正為我繫上髮髻。她默默無言，門旁的太監也一臉憂心地看著我。凝視鏡中的自己，三天沒吃東西了，臉色顯得有些蒼白。更明顯的是那一臉揮之不去的憂慮愁容……。不行！我必須振作起來，展現出最美的一面，打這搏命的一仗！

要說我太天真也好，不知好歹也罷，我其實沒有太多選擇的餘地。全族人的性命危在旦夕，如果不去冒這個險，我這輩子都會良心不安。再說，最遲到我真實的身分暴露為止，自己的性命也很難保。

總之，我決定完完全全將自己擺上。這個不可能的任務究竟會不會成為可能，全看上帝的旨意，我只能盡力而為。

那天伺候我的宮女和太監跑來告訴我，說我的堂哥、也是我的養父末底改穿著麻衣在朝廷門前痛哭哀號。我趕緊派人送衣服給他穿，沒想到他卻不肯換下麻衣。我再派人去一探究竟，才知道大事不妙！原來因為末底改拒絕向宰相哈曼跪拜，導致哈曼對他懷恨在心，竟伺機向大王進讒言，並獲准滅絕末底改全族的人——整個波斯帝國的猶太人！

面對這個大災難，養父要求我去替猶太人說項，在王面前懇切祈求。

這怎麼可能?!就憑我一個弱女子？雖然我貴為王后，但是這可是攸關朝廷全帝國的大事，豈是我能扭轉乾坤的？再說我對政治從來就沒有任何野心，對權力也沒有任何慾望，平常根本不過問朝政，王怎麼會聽我的呢？

最主要的是，大王規定：凡不被召見，而擅自入院見王的，必被處死。除非大王憐憫，向此人伸出金杖。但是誰不知道亞哈隨魯王是個高傲、易怒、行事衝動、又不把人命當一回事的人。前王后瓦實提就是因為拒絕他的召見，不願將自己當物品一般展現在一群酒醉貪婪的男人面前，而因此被罷黜。我有什麼勝算？雖然王一向待我不薄，但是我當王后四年多了，對大王來說，已不算新鮮。他已經整整三十天沒召見我，也許早已不把我放在心上。這時候叫我去見他，不是等於去送死嗎？再加上我一直隱瞞自己的猶太人身分……。誰能保證亞哈隨魯王會仁慈恩待我呢？不行！這個險冒得太大了！

我派人把自己的想法傳給養父聽。話雖然傳了出去，心裡的負擔與不安卻沒有止息。人心畢竟是肉做的。想到把我撫養長大，幫助我進宮、封后的末底改，我怎能讓他失望？還有全猶太宗族的人，不論男女老少，在一日之內，將被全數殺戮滅絕，財產被敵人掠為己有。而我自己躲在宮中，過著安逸的生活，怎麼說得過去？

知女莫若父。這位從小教導我信仰唯一真神的養父末底改，彷彿聽見我良心的爭戰。他派人捎信來說：別以為妳在宮裡很安全。此時妳見死不救，上帝會用別的辦法來拯救我們，但是妳自己的性命必不保。「誰知道，也許妳被安排作王后正是為了這時刻！」一句話扎到我心坎裡去！

為了這時刻?!

撫摸身上的錦衣玉緞，和牆上用銀環掛著的各色帘子相輝映。剛剛送上來的飲品還散發著香氣，在金杯金碟裡。放眼所至，盡是白玉石柱，紅白黃黑玉石的鋪地，連床都是由金和銀打造。宮殿裡的奢華享受，豈是凡人所能想像！

當年從全國被選來的佳麗不知有多少。大家為著宮殿的華麗而炫目，又為了擁有這番奢侈而彼此爭奇鬥艷。猶記得每人在進宮見王之前，必須用六個月的沒藥油，然後再用六個月的香料與潔身之物。被送入宮中與王一夜春宵之後，就回去等候消息。

除非蒙王喜悅，否則就不再被召見。

從內宮回來的女人，彼此談論著大王對他們的態度。話裡含有多少猜忌、希望、驕傲、比較，又有多少失落、絕望與落寞！說來實在悲哀，我們這群外表錦衣玉食的女人，生活的重心彷彿一抹雲煙，既空洞又不實在。大王的傾心是我們的一切，他的嘉惠是我們最大的幸福。而這一切，全靠那捉摸不定的人心，以及我們稍縱即逝的美貌。

這份不踏實感一直如影隨形。雖然我從進宮以來，就到處受到禮遇。掌管後宮佳麗的太監特別恩待我，讓我住最好的屋舍，提供我需要的香品，又分派七個宮女來服事我。所到之處，大家都非常喜歡我。直到被大王相中，封為王后。

四年多了！面對眼前的一切榮華富貴，感覺仍然非常地不真實。我們猶太人可是被擄來的難民哪！誰曾想到會有今天？一切來得那麼快，像激情、像青春、像憐愛，一切豈不是轉眼雲煙？

我並不能做什麼。所有的過程與細節，豈有任何一部分是在我的掌握當中？

但是現在，就在此刻，趁我還在王后的位子上，至少有一件事是看我如何下決定、是我可以試一試的。

想到這兒，把心一橫，傳話給末底改：要他請城內所有猶太人和我一起禁食禱告三天三夜。三天之後，我就抗命去見王！

如果我因此喪命，也由它去吧！

此言猶在耳，我插髮髻的手不禁顫抖，呼吸也加快起來。但是憶起在過去三天的禁食禱告中，上帝不斷賜給我勇氣與力量。我明白誠實地向他求告：主啊！你知道這對我來說是多麼艱鉅的任務。在人看來幾乎是不可能，但是對你，沒有任何事是不可能的。我的上帝啊！我願意將自己完完全全放在你的手中，跟你合作，倚靠你的信實與慈愛。

慢慢地，我的心由顫抖至平靜，由猶豫至堅決。

我甚至懷抱期待的心，想一探上帝的作為，看看他將如何使用我。雖然我還不知道該怎麼做，怎麼向大王求，要用什麼策略，該在什麼時機開口……。但是我相信上帝會一步步地帶領，給我明確的指示。

從椅上站起來，深吸一口氣，再瞄瞄鏡中的自己，希望不會是最後一眼。我跨步向內宮走去，心裡非常明白：如果大王今天心情好，我可能還有陳述的機會。若是他今天心情不佳，我很可能連開口的機會都沒有，就被拖出去斬首了！但是無論如何，我的步履堅定。

王坐在宮裡，看見站在庭中、擅自入宮的我，他沒有勃然大怒。他憶起了對我的好感與憐愛，向我伸出施恩的金杖！我心上的大石頭頓時掉了下來。但還是止不住奔騰的心跳，戰戰兢兢地向大王走去。大王溫柔地說：「我的王后，你有什麼請求？就算是王國的一半都沒有關係！」

王國的一半?!大王不僅沒要我的命，反而要賜我一半的疆土。第一步棋算是成功了！但是我沒有忘記：我的對手是一位反覆無常、捉摸不定的大波斯帝國國王。我必須謹言慎行。

「如果大王不嫌棄，請帶哈曼今晚來赴我預備的筵席。」我恭敬地邀請。

大王沒有異議地答應了。但是這盤棋究竟該如何下，到此還沒個準。我必須步步為營，以免壞了可能到手的勝利。

晚宴時，王又問我有何請求，又是願意將王國的一半分給我。我依然沒有開口說出心願，因為心裡還不篤定。每一個手勢、每一個眼神、每一句對話，都在我的觀察之下；我在等待上帝的明確指示。

「請王明日再帶哈曼來赴我的筵席吧！」我答道。哈曼一臉得意的模樣，以為唯獨自己受到國王與王后的青睞。

結果就在那一夜，奇蹟發生了！

王因為睡不著，便查看朝廷的大事記。結果發現：當年末底改揭發一宗弒君的陰謀，至今還沒得到任何獎賞。於是王吩咐賜給末底改他自己常穿的朝服和戴冠的御馬，讓末底改走遍市街，並宣告大眾：「這是王所喜悅尊榮的人！」

這一轉機，是上帝給我的一個提示：大王嘉獎一個猶太人！他的心已柔軟，我現在可以向王請願，為猶太人求饒！

晚餐宴上，當王再度問我有何請求時，我跪在他腳邊，潸然淚下，哀戚地說：「我不要金銀財寶，也不要權勢疆土，只求大王開恩，保住我們全猶太人的性命！」

大王驚奇地問：「誰起意要殲滅你們呢？」

我指著眼前的哈曼說：「就是他！」

哈曼嚇得驚慌失措，連忙伏在我榻上求饒。盛怒的大王以為他要趁機凌辱我，更是怒不可抑，立刻派人將他處死在木架上。竟是哈曼自己原先準備來吊死末底改的木架！

王並且把哈曼的家產賜給我，把他的戒指給末底改。事情發展至此，我們的頭號敵人可以說是斬除了。但是大王透過哈曼所下的格殺猶太人命令卻不能廢止。於是我們便用王的戒指蓋印下諭旨，允許猶太人在預定的屠殺日保護自己，擊殺所有攻擊他們的仇敵。

感謝上帝的保佑！猶太人大舉消滅敵人，保住了身家財產。全國上下，只要有猶太人的地方，無不歡欣鼓舞，大肆慶賀。

為了紀念這轉憂為喜、轉悲為樂的日子，末底改和我囑咐族人定下普珥日，按時遵守，永遠不可忘記！因為我深知這一切都是上帝的保衛與恩典，讓他的子民不致被滅亡。而我，在經歷這個有驚無險的事件之後，更是感謝上帝給我考驗信心的機會，讓我能夠在對的時機作出對的抉擇。

以斯帖這個名字可以被遺忘，但是那位我們透過禁食禱告所頌讚的偉大上帝，卻應當永遠被紀念！

（取材自以斯帖記）

Edwin Long, *Queen Esther*,1878

新約

與美善相連
——患血漏的女子

那天風和日麗，陽光普照。經過河邊的時候，看到一大群人興高采烈地唱歌跳舞、舉杯慶賀。是對門鄰居家的女兒出嫁了。這一個禮拜以來，他們家張燈結綵，來祝賀的人潮不斷，熱鬧非凡。新娘子打扮得嬌豔動人，被當作皇后一般對待。我躲在人群後面遠遠瞄到她身上那華麗的錦緞，以及她臉上燦爛得意的笑容。只有一秒鐘的時間，然後我就必須掩面匆匆走過，以免觸了喜慶之家的霉頭，惹他們拿掃把出來趕人！

只有一秒鐘，多的也沒有了。其實多看又有何益呢？不過是自虐罷了，讓自己的心被割得更深、讓臉上的淚痕與傾羨的笑容混雜成一種怪物般的扭曲。

對我，新娘的榮耀與光彩是那麼遙不可及。到底我還在奢望什麼？難道現實還不夠清晰明白?難道這日日夜夜的滴血、下腹部的扭絞、慘白的面容,還不夠將我的夢打醒?那心裡的、身體的一撞一撞的痛楚,難道還不夠強烈?!

我本不是一個容易放棄的人。但是再多的忍耐、再強的意志力,也會有消磨殆盡的一天。十二年來,我忍著恥辱,一個醫生接著一個醫生,在他們的面前暴露私處。你們以為這寬衣解帶的羞辱已經夠大了?去瞧瞧醫生們臉上那不屑、不齒的表情吧!那才真是叫人難當。他們彷彿在責怪,又像在定罪,說我的血漏是一種詛咒。

也確實是一種詛咒!十二年來,日出日落,我的日子在尋醫探訪、花錢,尋醫探訪、花錢中度過。直到沒有醫生可看、沒有錢可花了,我的青春也悄然飛逝。落得一無所有,病痛卻依然存在。會堂將我拒於門外,人們看我,就跟一個痲瘋病人沒有兩樣。凡是碰到我的,或是我碰到的,都成了污穢。因為我不潔淨、我不值得、我根本就不該還活著!

身邊的親朋好友漸漸遠離。驀然回首,形單影隻。少女時候的歡笑,成為人妻、人母的願望,都化為烏有。世事早已全非,唯獨胯下的血,一滴一滴不停地流……。

這一滴滴的血,彷彿是從心裡流出來的。鮮紅濃稠,沾染在墊布上,把我的手洗破、洗爛,再洗破、再洗爛!每一次的搓洗,都恨不得我整個人也跟著破去、爛去!

啊！這羞辱、不見天日的人生！也許醫生的定罪沒有錯，也許人們的催逼有理：我這條命，根本沒有活下去的道理！

所以我總是避免被人看見。出門時也都是快步行走，因為不想給看到我的人造成困擾，也不想給自己帶來麻煩。而大批的人群更是我避之唯恐不及之處——一個人如毒蛇猛獸般的眼光已經夠傷人了，我又哪來的力量去招架十個、二十個這樣的目光?!

但是最近城裡特別躁動不安，引起了我的好奇。聽說是因為一個叫做耶穌的年輕人。他不收任何費用，讓瞎眼的看見、跛腳的行走、耳聾的聽見。他還治好被鬼附身的人，連痲瘋病患到他面前也潔淨了。

潔淨?!你說這會不會也是我的機會？

也許我應該再去試一次？但是，我一介女流，又聲名狼藉，怎麼能冒然跑去見這位耶穌呢？我只能遠遠地跟著，悄悄地觀看。

這天，又是一群人鬧哄哄地過來，圍著耶穌轉。突然，一個穿著不凡的中年人快步跑來，噗地一聲跪在耶穌面前！那人我認得，不就是猶太會堂的主管嗎？他將我趕出會堂時，是那麼威嚴、不可一世。現在，一個堂堂主管，就這麼當眾跪在地上！苦苦哀求耶穌到他家去，因為他十二歲女兒的命危在旦夕。

週遭人你一句我一句地議論紛紛，但是耶穌的臉上，卻展現無盡的憐憫與恩慈。他沒有嫌那主管擋路，而是耐心地聆聽。這時我的精神為之一振。啊！我這「壓傷的蘆葦，他不折斷；將殘的燈火，他不吹滅」。他要醫治傷心的人。我想他能明白，他會寬待；我相信他可以醫治我的病！

一時之間，不知哪來的勇氣，我跑進人群，一心一意去找耶穌。我相信只要能碰觸他，即便只是他外袍的衣角，我這胯下的血就能止住！

耶穌這時正跟著那位會堂主管前行，人們在他前後左右推擠著。我混入人群，不管身旁人的辱罵與擾攘，我只想碰到耶穌！時間過去了一秒、一分、一世紀？我的眼中只有耶穌！

終於，我擠到他身後，伸出顫抖的手碰觸他的衣角，碰觸我最後的一線希望。

突然，我感到一股力量流入我體內，穿過手肘、穿過胸膛，一直流到我的下腹；我感到……，是真的，我的血止住了！

時空定了格。除了我的驚嘆，還是驚嘆！

時空定了格。我只想讓人群遠離，留下我和我心底無聲卻熱切的歡呼！

但是人群並沒有遠離。我聽到耶穌——啊！多美的名字——問說：「誰碰了我？」周遭的人面面相覷：「不是大家都在碰你嗎？」

「不是的！」耶穌說，「有力量從我身上出去。」

沒錯！只有他和我知道：那不是普通的碰觸；那是賜生命的、醫治的偉大連結。

我走出人群，俯伏在耶穌腳前，坦白承認：「是我！」我知道在他面前我不用害怕，不用感到羞辱，因此將自己的委屈全盤托出：那世界末日般的絕望、那無藥可醫的病痛、被排擠、被遺忘，整整十二年……。

我聲淚俱下、泣不成聲。耶穌彎下腰，溫柔地伸出手將我扶起。他安慰地說：「女兒，你的信心救了你。平安地回去吧！」我沒有聽錯，他真的喊我「女兒」！這麼多年來，早已經沒有人願意跟我攀親帶故了，他卻喊我一聲「女兒」！

我知道眾人的眼光都集中在我身上，但是我不怕了。從今以後我不用再躲在人背後、消失在人群中。因為耶穌看到了我！

人群繼續簇擁著耶穌前行。他還要去醫治那位十二歲的女孩；那位和我一樣幸運的女孩。我目送他離開，在心裡已經清楚看到起身痊癒的少女，以及會堂主管全家的驚嘆。

同樣的驚嘆交織著深深的感謝，對這位賜我新生命的救主，在我心中，牽腸迴盪，久久不能退去。

（取材自馬可福音第5章第22至34節）

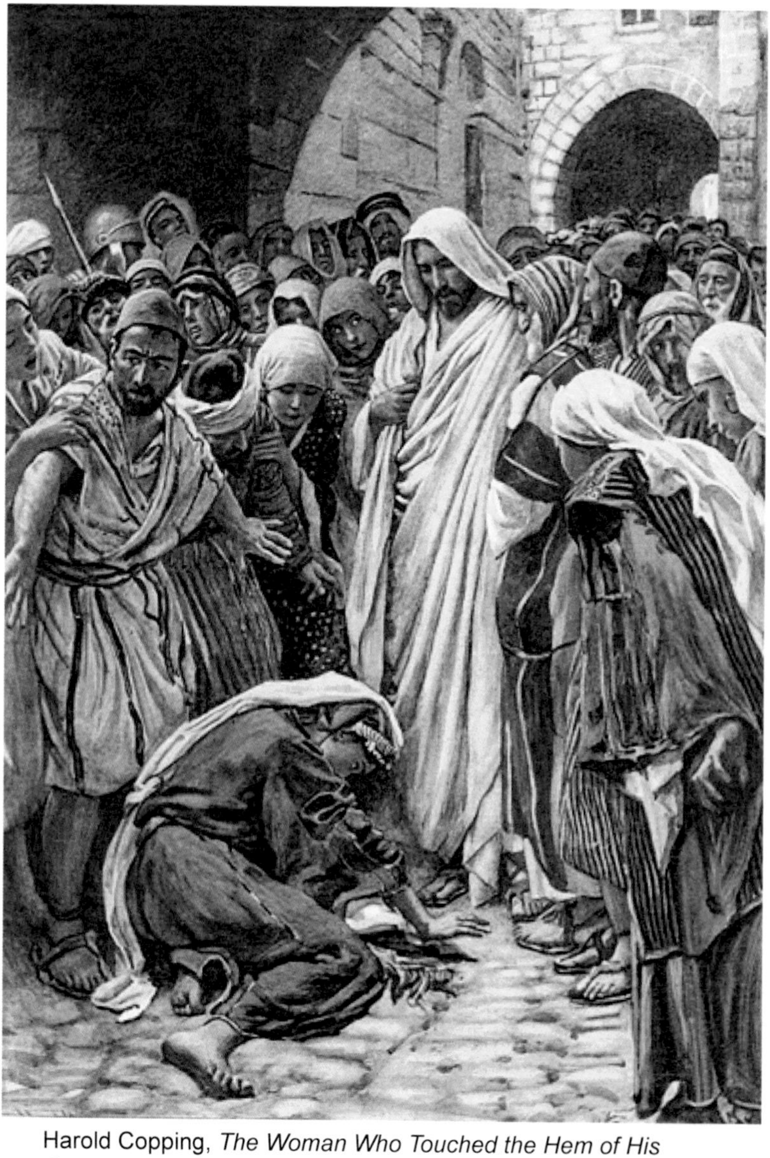

Harold Copping, *The Woman Who Touched the Hem of His Garmen*t, 1927

愛的活泉
——撒馬利亞女人

水罐的重量沉甸甸地壓在我肩上。抬起頭，又是一個晴空萬里的好天氣。聽說陽光有讓人心情開朗的效用，但是與我何干呢？不過是存在著罷了。完成每天的例行工作，所有的喜怒哀樂，於我，都是絕緣體。每天正午，提起沈重的水罐，獨自踏上取水之路，讓回程的肩更沉，背更扭曲。好幾年了，成了一種自虐性的習慣。

不知道時間都流逝到哪兒去了？摸摸佈滿皺紋，被烈日晒得黝黑粗糙的面頰。在那曾經柔嫩、光滑、白皙的肌膚後面，也曾擁有藏不住的歡笑喜樂要爆發！彷彿就在昨天。那生命的起頭、年輕的時日，不也都充滿了希望、歡樂、各種可能，與各種追求？

現在的這一張臉，只能躲在頭巾下，見不得人。蒼老衰敗是一回事，主要是這一張老臉，實在經不住旁人鄙夷漠視的目光。露臉作什麼用呢？還能靠一個嫵媚的淺笑、挑逗的眼神，讓任何男人駐足、流連忘返嗎？

那是許多年前的事了。久遠而模糊，好像不屬於我。殘留的記憶反成為一種恥笑。

選擇正午去取水，是因為此時在路上碰見人的機率最小。城裡所有的人，都在清晨或傍晚，在太陽還不像萬群螞蟻齧咬般，成群結伴，談天說地地一起去打水。我是他們眼中的敗類，說得更明白一點：是賤貨、婊子！每當看我走近，他們便開始交頭接耳，碎碎雜雜，說那個換丈夫像換衣服一樣的女人來了！生活不檢點、水性陽花、紅杏出牆……。他們評論的都對。瞧不起我，我躲開你們總行吧？人們取水，多少也想用來淨身。遇見了我，彷彿惹來一身污穢，避之惟恐不及。何必呢？我何苦去惹人嫌？他們的唇槍舌劍，比正午的烈陽還難當。

我只是不太明白。其實，這並不是我想要的人生。向來，我追求的是成功、光鮮、物質的享受、受人矚目。但是，當青春散盡、年華老去，竟落得一身破敗。被遺棄，被憎恨，在人面前抬不起頭來。所以只能在正午，在大夥躲在家中，避開強烈炙熱的陽光時，我提著水罐，步履蹣跚。他們視我為敗類，我也無心和他們打交道。這樣彼此避免著，也算好。

灼燒的烈陽，像我曾經擁有的愛情。我以為的情愛，最後都成了一則則可笑的謊言、醜態畢露的騙局。愛情非但沒有提高我的生活境界，反而成了我的絆腳石。罷了、罷了！遲暮的婦人，早已在情愛之外。諷刺的是，我依然背負著情愛遺留下的醜陋標記。

怎麼？今天有個人坐在井邊！在正午時刻？低頭快走，快快取水。這惱人的飢渴！要不，我又何必出門，何苦面對任何人?!

未料，那陌生人開口說：「請給我一點水喝。」聽他的口音，原來是猶太人。這就奇怪了！猶太人一向瞧不起我們撒馬利亞人，認為我們祭拜神的地方不對，因此與我們不相往來。況且我又是個女人，跟我討水喝，他難道不覺得丟臉？

「猶太男人向一個撒馬利亞女人要水喝？沒的事！」我喃喃地說。

「要是你知道上帝的恩賜和現在和你要水喝的是誰，你就會求他，而他會把活水給你。」這個聲音柔和肯定，回答讓人驚異！我張開眼正視他，才發現他滿臉疲憊，但眼神卻充滿關懷。

會不會是故意來嘲弄我的？「你在開玩笑吧？你自己沒盛水的器具，井又那麼深，你哪能給我什麼活水？難道你比我們的祖先雅各還偉大？」我所受的譏諷夠多了，可不可以不要再把我當傻子？

但是這個陌生人沒有一絲一毫戲弄的口吻。「喝了這水的人還會再渴。但是，誰喝了我所給的水，誰就永遠不再渴。我給的水要在他裡面成為泉源，不斷地湧出活水，使他得到永恆的生命。」

哇，遇見貴人了！我這備受烈日煎熬的身軀，確實渴望神的活水來拯救。如果真有這種東西，我要！

無奈……，唉！真是哪壺不開提哪壺！陌生人要求我去把丈夫找來。這不正是我的痛處、旁人的笑柄嗎？——我沒有丈夫啊！

原本以為這位陌生人就要打消賜給我「活水」的念頭，沒想到他反而理解地說：「沒錯！你沒有丈夫。你曾經有五個丈夫，但是現在跟你在一起的，不是你的丈夫。」

他怎麼知道？他如何看穿我，讓我站在他面前，完全赤裸透明?!請不要提醒我！我確實擁有過五個男人，而現在和我在一起的，也確實不是我的丈夫。多少年來，我早就絕口不提這些舊帳，他一個外地人，怎麼會對我的過去和現在瞭若指掌?莫非……

「先生，」我顫抖地問，「你是一位先知吧？」

他不否認。

「那麼，請告訴我，究竟要在哪兒敬拜上帝才對？」這是猶太人和撒馬利亞人爭論不休的問題。

「婦人，要信我！問題不在敬拜的地點，而是所拜的是誰。上帝是靈，敬拜他的人必須以心靈和真誠敬拜。」

他的話真是高深，我有些摸不著頭。為了掩飾尷尬，我胡亂應付著說：「等救主彌賽亞來，我們就會明白一切。」

沒想到他的回應驚天動地、如雷貫耳。「我就是彌賽亞！」

我不管水罐了！掉頭就往鎮上跑，一邊喊著：「快來看啊！彌賽亞來了！他把我生平所做一切的事都說了出來。快來看啊！」

所有的人都不敢相信自己的耳朵和眼睛。因為誰都知道我平日深居簡出、避人耳目，對自己的過往絕口不談。現在卻在大街小巷傳播自己的醜聞與罪行！這突如其來的改變，引起大夥的好奇，紛紛跑去見那位讓我「暈頭轉向、神智不清」的奇人！

後來我們知道：他的名字叫耶穌。

耶穌在我們這兒待了兩天。他傳講信息、指導解惑，許多人因他的話而相信。我的眼目也漸漸打開，在摒棄刺蝟般的自我防衛之後，終於認清並且承認：過去的行徑，就是兩個字——淫亂！可不是？那些愛我的，被我玩弄於股掌間，容我挑剔詬病，不知珍惜；我愛的，又反反覆覆，猶豫不決，跟我玩同樣不負責任的遊戲。

每一次的情愛都火熱纏綿；每一次的分離，都痛徹心扉。

尋尋覓覓，仍不懂愛的真諦。

尋尋覓覓，忘了自己的本分，錯過了美好的婚姻，斷送了易老的青春。

短視的我，只看到浮面的享樂、表層的歡愉，以為那些就是生命的代表、生存的證明。其實，笙歌舞樂、錢財珠寶，來得快，去得更快，填補不了心裡的空洞。像美麗，只是一層皮；像青春，不過二十年。

一直以來，都是以這種自私的心態去愛，在男人身上尋求避風港，驕傲地認為自己應該得到最好的。同時又任憑肉慾的帶領引誘，沉浸在花前月下、男歡女愛的浪漫中，在眾多男人間欺瞞、索求。當情人不夠伶俐聰明，搆不上成功輝煌，或者不夠體貼關心時，我的私慾便抗議著、煎熬著。沒有容忍，只有嫌棄憎惡，然後四處顧盼，以為別處的花更香，陽光更燦爛。

但是耶穌的愛不同。他謙卑、憐憫、捨己、不自私；他的愛沒有條件、超越界線、不計較身分。即便是污穢骯髒如我，他都不嫌棄。他放下身段，引領我到另一個境界——心靈與誠實。啊！被我遺忘丟棄了太久太久……。

現在他挑戰我放下物質與肉慾的世界，全然放棄虛假、做作和隱瞞，將所有的不堪與罪過，都攤開在他面前。

我多麼感謝他！他將我的眼光，從看得見的物質，轉移到看不見的靈性層面。以前，我只看到這口深深的井，只知道井裡的水能解渴、洗滌、灌溉，卻不知有那屬靈的活泉，涓涓淌流在我心深處的渴望中——超越傳統、跨過疆界，聯繫我與造物主，注入意義與價值。

當我們在井邊相遇，他知道這個烈日下的孤獨女人，生命需要改造、重建。

當我開啟心靈接納他，歡愉便再度回來；蛻變在不知不覺間，慢慢展開……。

（取材自約翰福音第4章第7至42節）

Carl Heinrich Bloch, *Woman at the Well from the Chapel at Frederiksborg Palace in Copenhagen*, 2009

他的眼淚為我流

——伯大尼的馬利亞

今天是個特別的日子。我小心翼翼地捧出藏在床底下的玉瓶，打開蓋子。裡面的純哪噠香油頓時香味四溢，是一種清新不濃膩的芬芳。我將油罐摀近心房，想起耶穌對他自己即將受難的預言。還有六天就是逾越節了。

這是我所擁有最珍貴的東西。今天，就是今天！在他打算進耶路撒冷之前，在他的手腳還沒有被刺穿之際，我一定要藉這個他來吃晚飯的機會，將香油獻給他！

姊姊馬大負責接待，正在打點一切事宜，為晚飯做準備。她並不知道我的心思。聽說今晚除了耶穌，還有他的門徒也會一起來。在這個只有男人聚會的場合，我原本不該露面。還好姊姊是筵席的負責人，而且弟弟拉撒路也會到，我的出現應該不會顯得太過唐突。況且，也許這是最後的機會！

我躲在門後，等待適當的時機。看著客人一個個陸續進門，寒喧、洗腳。等到大夥坐定之後，我趕緊抱著玉瓶，頭也不回地就朝耶穌走去。大家都以為我在幫姊姊的忙，要拿東西上桌，所以並不在意。只有耶穌微笑地看著我，這讓我的勇氣大增！我走到他面前，不由分說地打開玉瓶，把香油膏倒在他的頭上和腳上。

周遭倏然寂靜下來，原本的談笑問候聲戛然而止！全部的人都朝我們這兒看過來，他們的驚訝清清楚楚地寫在臉上。當我用自己的頭髮為耶穌擦拭香油膏時，在座男人們的嘴就張得更大了！我的舉動不僅讓他們大吃一驚，更是大大地冒犯了他們，以致所有的人都臉露不悅之情。終於，猶大忍不住開口說：「為什麼這樣浪費？這香油膏可以賣三百多塊銀子，拿這些錢來救濟窮人多好！」

我看著他們指責嚴厲的表情，心裡七上八下，不知所措。他們說的我都知道，我不是一個對窮人的需要視若無睹的人。但是耶穌，我們摯愛的導師與朋友呢？他也是一無所有，連個固定睡覺的地方都沒有！三年多來，只看他醫治病患，循循善誘，把自己的需要放在一邊。最重要的是，難道你們沒有聽他說：在耶路撒冷，人子將被出賣給祭司長和經學教師。他們會殺害他，還會戲弄他、鞭打他，把他釘十字架?!他就快死了！我這麼一點香油膏，就算再值錢，拿來油膏他，以表示我對他的感激與敬意，跟他給我們的比起來，又算得了什麼？

我低著頭，心裡五味雜陳。情急之下，也不知該如何向他們解釋。正當我滿臉通紅，感覺眾人用譴責的眼光盯著我看時，那個熟悉的聲音溫柔地說：「由她吧！何必為難她呢？她為我做了一件美好的事。因為常有窮人跟你們在一起，願意的話，你們隨時可以救濟他們，可是我不能常與你們在一起。她把這香油膏倒在我身上是為我的安葬做準備。我實在告訴你們，普天之下，福音無論傳到什麼地方，人人都要訴說她所做的事，來記念她。」

啊！我真是百感交集，眼淚頓時就簌簌淌了下來。還是耶穌了解！我不用開口說一句話、為自己辯護一個字，他便完全明白。他知道我這個舉動需要多大的力量，是我鼓足全部的勇氣，抱著孤注一擲的決心才敢走到男人中間，只為向他表達我對他的崇敬、憐愛與不捨。別人不了解，但是耶穌完全體會到了！我還擔心、祈求什麼呢？

這並不是他第一次為我說話。上次耶穌到家裡探望我們的時候，姊姊照例忙進忙出，心浮氣躁。已經擺了滿桌子的菜，還一直說不夠。我不想忙得團團轉，寧可坐在耶穌腳邊，聽他講道。

沒想到此舉引來姊姊一臉不高興，她上前跟耶穌抱怨：「主啊！我妹妹讓我一個人做這許多事，你不介意嗎？請叫她來幫幫我吧！」

結果耶穌回答說：「馬大！馬大！你為許多事操心忙亂，但是只有一件是不可缺的。馬利亞已經選擇了那最好的；沒有人能從她手中奪走。」

不是耶穌偏心，他只是了解我的心。我知道姊姊的能力強，對於持家、招待，她游刃有餘。但是我能有多少機會坐在耶穌腳邊，聽他富有哲理深意的話語？

耶穌那時替我解釋，就像現在在門徒面前為我辯護一般。他溫柔的聲音像一股夏日清流，冷卻我燥熱的雙頰；更像冬日裡的爐火，溫暖我冰涼的雙手。耶穌的安慰與鼓勵，撫平了我沈重緊張的心。但是在他護衛的話語中，同時透露出一絲絲的哀傷。他再次提起將臨的死亡——他自己的埋葬。這份提醒，似乎只有我們兩人刻骨銘心地牢記，像個陰影，籠罩在心中，無法散去。我聽出了他話語中的孤寂，雖然他身邊有這麼多追隨者，雖然我願意陪他走一程，但是最後這段路，他必須、也只能自己去承受。因為無能的我們啊！豈能有這份能耐與堅持？而我又何德何能，能跟耶穌傳講的福音相提並論，永遠被人紀念?!

不過這就是耶穌！你只要為他做一分，他就回報你一千一萬分！他寧願自己孤獨，也不讓我受委屈。他是用心在愛，用全部的生命去付出。

看看眼前活生生的弟弟拉撒路吧！他健健康康、生氣蓬勃，和大夥一起談天、吃飯。誰能想像：不久以前，他全身包著裹屍布，躺在墳穴裡；他其實是死了。但是耶穌——我們偉大又萬能的主啊——讓他死裡復活！

這不是神蹟是什麼?!拉撒路當時病入膏肓，任誰都束手無策。姊姊和我急得像熱鍋上的螞蟻。對這個唯一的弟弟，我們怎麼樣都捨不得他離我們而去。於是我們派人捎信給耶穌，請他趕緊過來伯大尼幫助我們。雖然當時這地區的人曾經用石頭打過耶穌，但是耶穌不怕危險，還是來了。只是當他到的時候，拉撒路已經斷氣多時，被葬在墓穴裡四天了。

姊姊和我一看到耶穌，更是悲從中來。耶穌來了，但是弟弟走了！如果他早一點到，我們的弟弟就不會死了！

那排山倒海而來的悲傷，讓眼淚浸濕雙眼，模糊了視線。

但是，有件事我倒是看得清清楚楚：耶穌的臉扭曲搐動……。他，哭了！一個大男人，在眾目睽睽之下，他像哀悼親人一樣同我們一起哀傷。他深切的憐憫驅散了我無邊的絕望，憂傷頓時輕減許多。

眾人都說：「你看，他多麼愛這個人！」沒錯！耶穌是非常愛拉撒路，但是他不是也說過：「我就是復活，就是生命。信我的人，雖然死了，仍然要活著」？耶穌知道拉撒路信任他，所以對耶穌來說，拉撒路並沒有死。這會兒他抽搐激動的臉並不是向著墓穴，而是對著我們這些仍然活著的人。

不對！耶穌哭，不是因為捨不得拉撒路；耶穌哭，是因為憐憫我們必須承受死亡所帶來的分隔與悲傷。

可不可以不要有死亡呢？為什麼只要是人，就免不了生離死別的痛苦？耶穌與天父是永遠不會分離的。他們的國度裡也沒有生離死別，因為他們完全聖潔，沒有污點與罪孽。但是我們哪一個人能達到那種境界呢？罪使人人難逃一死，耶穌正是因為了解我們喪失至親時的痛楚，明白死亡所帶來的失落、遺憾、懊悔與空虛，所以他流淚——這淚，不是為了拉撒路；這淚，是為了所有逃不出罪的綑綁與挾制的人類！

站在拉撒路的墓穴前，耶穌吩咐把墓前的石頭挪開。姊姊試圖攔阻，說此時弟弟的屍體都發臭了，何苦來哉？但是耶穌提醒她：「我不是告訴過妳，妳信就會看見上帝的榮耀嗎？」

只見耶穌舉目望天，禱告說：「父親哪，我感謝你，因為你已經垂聽了我。我知道你時常垂聽我；但是我說這話是為了周圍這些人，為要使他們信是你差遣我來的。」

禱告完畢，耶穌隨即大喊一聲：「拉撒路，出來！」

大夥屏息凝視，連眼淚都忘了流。不一會兒，拉撒路真的出來了！

從沒見過這種事！在場的人都嚇壞了！就連我這個親姊姊，也不住地顫抖害怕。這……，不會是鬼魂吧？馬大和我不知道是喜是憂，整個人僵在原地。待回過神來，才想到要揉揉眼睛，仔細瞧瞧。眼前這手腳裹著布條、臉上包著布、一晃一晃走過來的人，確實是四天前被我們埋葬的、我們親愛的弟弟！他又活過來了！

哈里路亞！

這件事大家有目共睹，彼此競相走告，連法利賽人和祭司長們都聽說了。奇怪的是，這樣的神蹟仍然無法說服他們相信耶穌，反而引來這些領袖們的嫉妒與憤怒，視耶穌為眼中釘，與他勢不兩立！

我想這一切耶穌也早就料到了。他總是這麼勇敢堅毅地走他自己的道路，知道自己的目標。即使沿途招惹達官顯要的敵意與怨恨，甚至招來生命危險，他也不動搖、不迷惑。

他能讓弟弟死後復生，但是對於自己的死，卻完全不試著去逃避。我不明白為什麼這位我們猶太人期盼已久的救主不能馬上在世上稱王、重建耶路撒冷的榮耀、讓猶太人揚眉吐氣。但是我知道他的智慧永遠高過我的理解範圍。雖然許多事我尚不明白，但是我深信：他的一切作為都必有計劃與深遠意義，而且他的所有預言都會實現，即便是包括他自己的殘酷死亡方式。

哦！想到這兒，我的心一陣刺痛。這代表著耶穌的受難、釘十字架將會是真的！我不由得倒抽一口氣，想到這麼聖潔、仁慈、憐憫的朋友，就要如同一個罪犯般受刑！要不是他說他三天後會復活，要不是有拉撒路的前例，此刻腦海中那幅血腥、殘暴的畫面，光想都足以讓人窒息！

但是耶穌堅強，他也要我們堅強。我抱著倒光了的玉瓶站起來，決定更加珍惜每一分每一秒，竭盡所能陪他走在世上的最後里程。

（取材自馬可福音第14章第3至9節；
路加福音第10章第38至42節；
約翰福音第11章第1至46節，
第12章第1至11節）

Henryk Siemiradzki, *Christ with Mary and Martha*, 1886

良知的聲音

——彼拉多之妻

星期五凌晨的夜裡，猶太人一年一度的逾越節前一天。耶穌在耶路撒冷附近的客西馬尼園被門徒猶大帶來的人逮捕。他們連夜將耶穌押解到不同的祭師長，以及猶太議會面前受審。猶太長老與祭師們在沒有確鑿的證據下，仍然執意要將耶穌處死。但是時值巴勒斯坦地區由羅馬帝國統治，猶太議會的審判雖然具有法律效力，卻不能判人死刑。因此經學教師與祭師長們便把耶穌押到羅馬總督府前，要求總督彼拉多判耶穌釘十字架。

彼拉多審問耶穌多次，查不出有什麼罪名。他並不想介入猶太人的宗教爭端中，於是將耶穌送到管理加利利地區的猶太希律王那兒去。但是希律王在戲弄、侮辱耶穌之後，又把他送回總督府。

猶太人再次聚集總督府前，向彼拉多施壓。所有人都在等彼拉多下最後的判決。

二．

天剛亮不久，陽光從窗外照射進來，是個萬里無雲的好天氣。你卻背對著窗，滿面愁容地沉思著。眼前這個優柔寡斷、不知所措的人，真是我所認識的你嗎？那個處決過無數刑犯、肆無忌憚的羅馬總督——我的丈夫。

是不是因為你也和我一樣，感到莫名的扎心與不安？是不是從他看你的眼神中，感到那奇怪的，前所未有的，一個刑犯對施刑者的憐憫與同情？沒有求饒，沒有辯解。站在這個叫做耶穌的人面前，你有一股無名的敬畏。雖然他全身滿是被凌辱、毆打的痕跡，臉上、臂膀上還沾染著令人嫌惡的唾液，毫無光彩可言？

此刻的你獨自呆坐著，吵鬧喧囂的猶太人剛剛離去。但是你高聳的肩膀、低垂的頭，透露出你的不安與疑惑。我偷偷在心裡鬆了一口氣：謝天謝地，你把他送走了！讓希率王去審判吧！雖然我寧願你將他釋放，還這個人清白。但是如果事情由不得你，我也不希望你在壓力下匆促做決定。

還沒來得及回答你：今早你不是問我為什麼在床上翻來覆去、汗流夾背，還尖叫著驚醒？就是因為這件事！真的！我看到你因為手上沾染了一個叫做耶穌的加利利人的血，而萬劫不復，在煉獄中痛苦呻吟。這絕對不是巧合！請相信我的直覺。從來沒有一個夢如此清晰明白。這是個警告，真真實實！

這個叫做耶穌的人，絕不是一個凡人！此地沒有人不認識他。他所說的話、做的事，他的行為，沒有一樣不讓人驚奇、動容。一個妖言惑眾的騙子絕不會有這樣的智慧與能力！就連經學教師與祭司們都難不倒他。

我聽說他行了許多神蹟，讓瞎眼的看見、跛腳的行走、耳聾的聽見，並且還能醫治痲瘋病，所到之處總有大批人群圍著他。他的教導也不同於一般人。你可曾聽過：「一粒麥子若不落在地裡死了，仍舊是一粒；如果死了，就結出許多果實來。那愛惜自己生命的，要喪失生命；願意犧牲自己在這世上的生命的，反而要保存這生命到永生。」

他跟你說他的國度不屬於這世界？他說他的使命是為真理作證，凡是屬於真理的人一定聽他的話？

這就對了！我想我聽得見真理，也察覺得到真理。當一個無罪的人被無辜毆打、唾棄，卻仍然保持沉穩、安靜；當一個無權無勢，卻能醫治無數病患的人，被權高勢重的祭司們恨之入骨時，我便知道此人的不尋常。

彼拉多！你審判案子的經驗不少。從此人的氣度、反應與鎮定，你明明已經察覺出事有蹊蹺。問題不在於你是否聽得見真理；問題是，如果你不願意聽，誰也沒辦法告訴你！

哦！彼拉多，不要緊閉你的心，不要用這種譏諷的態度！你也許可以指揮軍隊、調停一般民眾的糾紛，但是有關神的國度，卻是超乎人類的理解範圍。我知道我們不是猶太人，我也知道你不認同他們口中那個唯一的真神。但是，這個耶穌，確確實實是個聖人！

我了解這是一個棘手問題，是個燙手山芋！管理巴勒斯坦這塊地方本來就不是一件容易的差事。猶太人誓死捍衛自己上帝選民的身分、一神教的信仰，和其他民族隔隔不入，已經無數次因為暴動叛變而惱怒帝王。是的！這個總督的位子不好坐，此事處理不好，羅馬方面怪罪下來，丟官喪命都有可能。

但是你什麼時候看過猶太祭司們這麼迫切地想要置一個人於死地？如此倉促將人處死，原本就不合情理與規定。我聽說猶太人的律法是非常尊重人的尊嚴與價值的，因為他們相信人類是按照上帝的形象所造，因此所有罪犯的審判都必須在白天舉行。而且如果罪犯被判定有罪，結果也必須等一天之後才能公佈。而明天就是他們一年一度的逾越節，是不准許工作的。如此說來，這類的案子根本就不該在此時拿出來審判。這麼匆忙所為何來？而且他們控訴的理由是什麼呢？說耶穌瀆神，說他自稱為王、煽動民眾。是指眼前這麼一個不會使用暴力的人嗎？如此處心積慮只為了要對抗一個沒錢沒勢的人，難道你不覺得奇怪？

二.

外面又開始躁動喧鬧起來。啊！猶太群眾再度要求要見你！那個無能又軟弱的希率王不置可否地把耶穌送回來了。彼拉多！請記住我對你說的話。這件事你無可逃避地必須做個決定，而我昨晚的夢告訴我：你的決定不會只影響一天兩天，而是攸關著長遠的福祉或不幸。你務必要三思而後行！

不要向猶太祭司們低頭！不要管民眾的叫囂！聽聽你內心對是非善惡的判斷，勇敢地作出正確的決擇！

看著你走出去面對暴民般的猶太人，我的心糾結在一塊兒，連呼吸都覺得困難。「釘死他！釘死他！」民眾鼓動著，火藥味十足。這群猶太人是怎麼了？上自大祭司，下至平民百姓，都不管猶太的法令了?!你不是問了他們好幾遍：耶穌究竟做了什麼壞事，他們都答不出個所以然來？你自己也查不出他有什麼該死的罪名。既然沒有罪，就該被釋放！其實祭司們的態度很明顯——他們是因為嫉妒才變得如此殺氣騰騰。而且寧願放了殺人犯巴拉巴，也絕不對耶穌鬆手！

你的眉頭一直緊蹙著，額頭上淌著大顆大顆的汗。我聽得出你故做鎮定的聲音，其實在微微顫抖。耶穌站在你旁邊，你卻不敢正眼看他一下。

堂堂的羅馬總督彼拉多！這是一個讓人認識你的大好機會——你的原則、考量、做事的優先順序。身為一個裁定者，你的責任是分辨是非、找出真相、公平審判。你務必要緩一緩、多想一想再做決定。對真理、對公義，這個時候你不能漠不關心！因為這件事不同，這個耶穌不同！以色列的神不好惹，請你，啊！請你不要拿自己去跟他對抗！如果這位不尋常、被有權有勢的猶太祭司們恨得牙癢癢的人，真是他所宣稱的：是上帝的兒子，你這聲令下，將會召來多大的禍害啊?!

不要！千萬不要！寧願丟官，也要聽聽自己良心的聲音，聽聽這位耶穌怎麼說。不要為了貪戀這一官半職，一失足成千古恨！

猶太人仍在叫喊著：「釘死他！釘死他！」他們說：「他的血債由我們和我們的子孫承擔！」

多麼嚴重又不負責任的話啊！嫉妒與無知矇蔽了他們的心，讓他們不知道自己在說些什麼。

但是你不同，你可以……

洗手？所有的這一切，你想用一個洗手的動作就完全撇清？說流這個人的血，罪不在你?!這就是你的決定？判耶穌釘十字架！

我再也站不穩了。突然一陣昏眩，眼前一片漆黑。我知道，那是因為我的心，碎了……。

此時臉頰上的淚水，是為了無辜受難的耶穌，更是為了那無止無盡的黑暗——我不忍心顧盼的，你的未來。

（取材自馬太福音第27章第11至26節）

The dream of Pilate's wife, *Engraving by Alphonse François after Gustave Doré*

超越死亡的信心

——馬利亞

羅馬士兵粗大的手，高舉起鐵鎚，殘暴地槌打下去。像手指一般粗的鐵釘，第一根、第二根、第三根……。他的全身，血流如注；他的雙唇，扭曲緊閉；他的雙眼，哀淒卻充滿仁慈。

這一天，終於到了！這酷刑，終於在我眼前上演。「憂傷要像利劍刺透妳的心。」此刻，我的心不僅被刺透，它還活生生地被掏挖出來，墜落到無止無盡的虛空裡。時間，停止了前進；整個人，被吞噬在劇痛中。

上帝啊！你知道我多麼愛他，多麼需要他！

我以為我會昏厥。但是張開眼，我仍站在原地。我看見他們鞭打他、辱罵他、唾棄他、釘穿他。我是他的母親，不是嗎？他們為什麼不來羞辱、折磨我呢？讓我的皮肉也跟他一樣淌血開綻，也許那疼痛就能抵消我魂裡的巨大哀傷，掩蓋那顆毫無著落的心。

喊叫吧！哭啼吧！他們將耶穌釘在十字架上了！再過不久，他就會永遠離我們而去。在那之前，還橫擺著多少痛苦、難受、不堪——這最最殘酷不仁的刑罰！

我不知道自己究竟有沒有發出聲，我只是目不轉睛地望著他。哦！他也正用關切的眼神注視著我。我親愛的兒子啊！

我聽見自己叫出兒子的聲音。這聲「兒子」，卻出奇地引發無比鎮定的力量！他是上帝的兒子哪！這撕心裂肺的痛，除了我，就只有上帝最了解。他不僅了解，他還分擔。他用無形的手拖住我。在昏眩、掏空、驚嚇中，我同時感到一種溫柔朦朧的保護，一種體貼、會心的攙扶。無法形容地，在這椎心刺骨的景象前，我頓時感到寧靜與心安。

不管你相不相信，所有的一切都是上帝的創造——肉體、情感，甚至嚙心的苦痛。我知道他沒有袖手旁觀，我知道他的心跟我的一樣在滴血，像十字架上耶穌的血涓涓滴流……。

上帝知道他在做什麼，而且他從不犯錯。我的一切命運，都在他手中。

一切不就是這樣開始的嗎？在一個平常、寧靜的下午，我原本平凡平淡的生活，就在一瞬間，完全被顛覆打亂。「馬利亞！蒙大恩的女子，妳將生下上帝的兒子！」一個閃耀的身影，溫柔的聲音，無中生有地突然出現在我面前，留下這個不可思議的訊息。我清楚地記得，那個午後的陽光亮麗，清風吹拂著樹梢。天使離開後，一時之間，我不知道是在夢裡，還是實際。

處女如何懷孕生子呢？我不明白。但是上帝這麼說，我就接受，將天使的話放在心裡反覆思量。

反覆思量，成了我的習慣；反覆思量，越發覺得此恩惠的偉大。我一個平凡得不能再平凡的女孩，竟被揀選出來孕育上帝的兒子、救世的彌撒亞！這份尊榮與責任，捧在手上、扛在肩上，令我敬畏不已。

但是，「憂傷要像利劍刺透妳的心」是什麼意思？耶穌剛滿月時，有人曾經這麼告訴我。如果這孩子是上帝派來的拯救者、是以色列的榮耀，那我的憂傷從何而來呢？

眼前就是答案了。我心愛的兒子在十字架上滴血、氣如游絲。他溫柔地看著我，用我熟悉的眼神，示意我身旁他最鍾愛的門徒約翰說：「母親！這是你的兒子！」說完又對約翰說：「看啊！你的母親！」

我淚如雨下。兒啊，你在受著苦哪！你就快死了，還不忘為我做妥善的安排！約翰和我淚眼相對，彼此握緊著手，希望耶穌明白：會的、會的，你放心！

然後我們又聽見他說：「父親啊！赦免他們，因為他們不知道自己在做什麼。」

他在對天父說話，在為那些釘死他的人求饒！是啊！一直以來，他的主要身分就是上帝的兒子、人類的救主。我有幸哺育他、愛他、餵養他，跟他朝夕相處在同一屋簷下。但是現在，我必須放手，放手讓他去成就上帝交給他的任務。

想到此，我突然明白過去三年多來，一樁樁看似奇怪的事件。耶穌聽來冷酷疏離的話語，原來都是為了此刻做預備。他一步一步地預備我的心，要將我們的關係轉移、放大我的視界、拓寬我的心境。所有的記憶都鮮活了起來，那些存放在我心裡、讓我不明就裡的話與行為，全都出現了意義：

耶穌十二歲時，跟著我們上耶路撒冷朝拜。但是他卻滯留在聖殿裡，沒有跟著回來。我們焦急地找他，以為他走丟了。沒想到他卻氣定神閒地說：「為什麼找我？難道你們不知道我必須在我父親的家裡嗎？」

又有一次，當耶穌被一群聽道的民眾包圍時，我和他的弟弟們去找他。結果卻聽見他說：「誰是我的母親？誰是我的兄弟？凡實行上帝旨意的人就是我的兄弟、姊妹，和母親。」

這些話表面上聽起來相當不敬，又很傷人。但是我知道他一直都以一種奇妙、神祕的智慧在教導，如果用世俗的耳朵去聆聽，就無法理解與接受。原來，他在幫我做心理準備，用不同的方法間接告訴我：有一天，我不會，也不能只是妳的兒子。我有一個來自天父的使命，必須去執行。這個使命會帶給妳極大的痛苦，因為妳是我的母親。但是馬利亞啊！妳必須延伸、擴大對我的愛。上帝讓妳在這過程中參與、有份，讓妳刻骨銘心。馬利亞啊！妳可知道：即便在巨大的傷痛中，上帝也不曾吝惜或縮減他的恩典。

我需要這個信念、堅定的信心。不然，眼前的景象，讓我如何承擔？

「天父啊！我將靈魂交在你手中。」說完，他氣絕了。突然，巖崩地動，烏天暗地，狂風暴起，眾天使齊哀淒。我並不孤單啊！大哀大慟無法用言語說出，天地卻為我做出了表達。

約瑟和尼哥德慕試著將耶穌的身體從十字架上取下。他的全身沾滿血，雙眼緊閉，頭垂掛在肩上。手臂、雙腳，全部塌垮下來……。曾經是抬舉杉木樹幹的強健四肢，現在了無生息。他的肢幹好沈重啊！我多麼想再去懷抱他、承載他，再唱一首搖籃曲。就像他小時候坐在我膝上，無論外面的世界多麼險惡，在我懷中，我們倆生死都能在一起。

但是現在，我保護不了他了；現在，他鬆軟、慘不忍睹的外貌，跟我熟悉的兒子多麼不一樣！他的肋旁被刺過，手腳被釘穿，背上血肉模糊。曾經健壯黝黑的肌膚，現在只剩一片慘白。他不呼吸了，一動也不動了。我豈只是靈魂被刺穿？我的整顆心都碎了！

天使說：「蒙大恩的女子，上帝與你同在！你是女子中最蒙福的。」我那裡蒙福了呢？現在躺在我懷中的這具死屍，彷彿是天使那句話語的嘲笑，聽起來特別諷刺！

我的理智試著去理解，卻不由自主地反抗。腦袋堅持的事實，心卻不願意去接受。但是，漸漸地，我聽見自己說：馬利亞！妳怎麼懷疑起上帝的話來了呢？因為妳眼睛所看到的一切嗎？那眼睛看不到的呢？算數嗎？妳為什麼要用人類的有限去度量上帝的無限？

是啊！即便現在擺在我眼前的是死亡、墳墓，即便在世上看來一切都終了，毫無希望可言了，我仍然相信上帝的作為。

多少次，上帝總是在困難傷痛之後，帶來滿滿的喜悅。當年，未婚先孕，夠嚇人吧？說是聖靈讓我受孕，有誰會相信？我極有可能被污衊、被亂石打死啊！但是未婚夫約瑟後來的接納與信任，讓我更加欣喜能擁有這麼一位愛我又敬神的丈夫。

或者，大著肚子，長途跋涉去伯利恆做戶口登記，還找不到下榻的旅舍，夠讓人灰心喪氣吧？但是當我在馬槽生下耶穌後，卻有陌生的牧羊人帶來天軍、天使報的佳音，東方的占星家帶著禮品前來朝拜。我們看著嬰孩安詳的笑容，先前所有的辛勞與不便，頓時都變得微不足道。

你問我：這一次，妳兒子的命都沒了，還寄望什麼？還有什麼戲唱？我不知道。但是對上帝來說，沒有什麼事不可能。他有辦法讓我處女懷孕，難道不能起死回生？上帝彷彿在問：面對這樣的苦難，看似毫無希望的情況下，妳是否還能相信我、讚美我？而我發覺自己在心裡祈求：主啊！即使我必須承受苦難，請讓我不致搖擺、喪志；請讓我仰望你的信實與安慰。

心，逐漸靜下來。一次又一次，在思忖上帝的話語、冥想他的作為之後，我的心得到無比的安慰與平靜。「我雖然行過死蔭的幽谷，也不怕遭害，因為你與我同在。」大衛王的詩像暗夜裡的星光，在我心裡鑽石般閃耀。我雖不明白上帝的思量與計畫，但是我一心信靠他，然後一切的憂傷、無望，瞬間都有了去處，瞬間都得到了安撫。

我發現自己沒有大哭大鬧，沒有喊冤求饒；我發現來自心底深層的信念，支持著我——這不是終結！不是終結！

先夫約瑟已經早走一步，要不然他會明白。他會跟我一樣，站在這兒，看著這個曾經帶給我們許多歡笑，善良、完美無暇的兒子；由上帝賜與，終至歸回天父。我們會站在一起，越過他這一身的癱軟無生息，望向上帝的主宰與大能。我知道：我們為這孩子流的眼淚會被拭去；我們的嘴角，會再顯現笑容。雖然不知道會怎麼發生，但是這信念，牢牢靠靠、根深蒂固，揪緊著我，再也不放。

（取材自路加福音、約翰福音）

Titian, *Mater Dolorosa*, oil on panel, 1554

不是「鬼話連篇」

——抹大拉的馬利亞

讓我來告訴你們一個發生在我身上的真實故事，一個不可思議的故事：

當那個我在世上最敬重、最深愛的人嚥下最後一口氣，軟趴趴的屍體被抬下來時，世界對我來說，頓時沒了依據。被掠奪掏空的心，讓我不知所措。我只是哀傻癡迷地一路跟到他的墓地，眼睜睜地看見他被葬，深鎖在巨石後面。當時唯一想到能做的，就是守候在他的墓穴前，等到安息日一過，馬上帶著香料來膏抹他被打得破爛、傷痕累累的屍體。

三天後的星期日一早，東方剛剛出現一道曙光，我就和一群姊妹打點好東西，快步朝他的墓穴走去。我們沒有忘記那顆擋在墓前的大石頭，也知道墓前有看守的官兵。解決這兩個麻煩的答案雖然沒有，但是並不能攔阻我們去見他的心意。我們想：總能找到個強而有力的男人幫忙推開石頭吧？而那些官兵，應該不會阻擋我們膏抹遺體。這麼一點對死人的尊敬，即使是殘暴的羅馬人，應該也會有吧？

沒想到當我們抵達墓地，竟發現墓前的石頭已經被移開了！羅馬官兵不知去向。潮溼陰森的墳墓裡傳來陣陣寒風，讓人有點毛骨悚然。撒羅米和另外一個也叫馬利亞的姊妹顯得有點遲疑。我捉緊手上的香料，想到一向待我們如親人的主，正躺在墓穴裡等我們來膏抹，便朝同行的姊妹使了個眼色，表達義無反顧的決心。於是我們手牽著手，一起走進墓穴！

但是屍體在哪裡呢？墓穴裡空空如也！起先我以為是因為眼睛還適應不了黑暗，看不清楚。但是過了一會兒之後，任憑姊妹們和我四處找尋，仍舊找不到任何遺體的蹤跡。

怎麼會這樣呢？難道走錯了嗎？不會啊！我們親眼看見約瑟將耶穌的屍體放在這個新墓裡。只不過三天的時間，我們的眼睛也不花，絕不會搞錯的！

那是有人將屍體偷走了嗎？會不會是羅馬總督派人把他移走了呢？他們這麼殘酷地把他釘死，都已經得逞了，難道連讓我們對他獻上最後的敬意都不允許嗎?!

我又急又氣，一時呆立在原地，只覺得腦裡一片混亂。

「去找彼得！」我聽見自己這麼說。「去把其他門徒找來，至少大夥可以集思廣益，分頭去找屍體。」

不由分說，我們拔腿就去找救兵！彼得和約翰一聽說耶穌的屍體不見了，連早餐都顧不得吃，便急忙和我們跑過去一探究竟。約翰年輕，跑在前頭。到了墓地之後，他探頭望進穴裡，卻若有所思，不發一言。

沒多久彼得也來了。他一頭衝進墓穴中，指著一塊布說：「奇怪！包屍體的麻紗還在這裡！」後來他又發現裹耶穌的頭巾也整齊地捲著，放在另外一邊。約翰聞言，輕聲細步跟了進來。他和彼得面面相覷，兩人各自懷著心事回去了。

就這樣子啦?!這麼快就放棄，不了了之？主的屍體下落不明，竟然沒人關心！他才剛死，我們馬上就把他忘得一乾二淨？他是我們的主啊！他曾經救過我，沒有他，我今天不會好端端地站在這裡。他雖然死了，我也要好好將他的屍體打理好，看他最後一眼，向他獻上我最高的敬意。

但是誰幫我去找屍體呢？想想不禁悲從中來。大夥都走光了，留下我一人在墓邊哭泣不已。

突然，洞穴裡閃著亮光！我心裡一驚。揉揉朦朧的淚眼，才看清有兩個容貌發亮、衣服像雪一樣潔白的人坐在原來安放耶穌屍體的地方。我嚇得手腳發冷，差點沒暈過去！隨即撲地一聲跪倒在地，不敢抬起頭來。

那兩個人開口說：「婦人，你為什麼哭呢？」我怯怯地回答：「有人把我主子的屍體移走了，我不知道去哪找！」說完，我發現有另外一個人站在我身後。他看我哭得像個淚人兒，便問道：「你在找誰？」我想他大概是管園子的園丁，也許正是他移走耶穌屍體的。於是我哀求說：「先生，請告訴我你把耶穌的屍體放在那裡，我好去把他移回來。」

「馬利亞！」那個聲音說——那個熟悉的溫柔聲音。是耶穌！我像一隻走失的無助小羊，一聽見牧羊人的呼喊，馬上認出他的聲音。頓時從頭到腳充滿一股暖流，無比安心。

我轉過身去，驚喜地喊出：「夫子！」禁不住伸手抱住他的腳膜拜他。啊！我的主知道我心繫著他，我沒有忘記他！

耶穌說：「馬利亞，你必須放手，讓我到天父那兒去。你去將看見的一切告訴其他的弟兄姊妹！」

是啊！我要趕緊將這個大好消息告訴大家：我們的主復活了！

彼得和約翰半信半疑地看著我，沒有人真正相信。當然沒有人相信！一個女人家的話，又是一個曾經被七個邪靈附身的女人的話，怎麼能當真?!

沒錯！我確實曾經披頭散髮，在夜裡、在熙來攘往的大街上，出奇不意地大吼、狂叫，或追著人打，或癱在地上。口中咒罵著、哀求著，眼裡既是凶惡，又是恐懼。直說有人要加害我、追殺我、羞辱我。旁人看見我渾身惡臭，還口吐白沫，通常都加快腳步，搖頭感歎：「見鬼哦！」

想來大家都還沒有忘記那個精神錯亂的我。但是那是好多年前的事了。認識耶穌之前，我的生命支離破碎，像行屍走肉般地存在。活著，對自己是一種負擔，對別人是一種災難。

那時從我口裡吐出來的，完全是無法自制，降服在黑暗勢力下的胡言亂語。

但是我被醫好了。在一個平靜的下午，我哥哥半扯半拉，將那個情緒暴躁、謾罵、哭喊、不分青紅皂白胡亂狂打的我拖到耶穌面前。他把手按在我頭上，我嘶喊地更加激烈，拼命抵抗！然後……，然後我就不知道了。等我清醒過來時，發現自己安安靜靜地躺在家裡的床上。

從此以後，我再也沒有「發癲」。生活作息完全和常人一樣，旁人也不再閃躲、迴避我。我變得格外沉著、冷靜，不僅別人認不出來，連我自己都得重新認識自己！耶穌把我多年來可怕的精神疾病徹底醫好了！

但是現在，弟兄姊妹們看我上氣不接下氣，又興奮無比，以為我舊病復發。他們以為醫治我的人死了，他的療效也失去了作用，我這下又發起神經病來！

我說：「各位好弟兄！我知道耶穌死了，他被鞭撻、被釘在十字架上、被埋葬，這些我都親眼看見了。但是我也親眼看見他復活的身體，聽見他說話的聲音。你們難道忘記了嗎？他曾經不止一次跟我們說：『人子必須被交在罪人手中，釘在十字架上，在第三天復活。』我們怎麼從來不把他的話當真?!」

不管他們相不相信，這件事千真萬確！

耶穌難道不知道讓我第一個去傳遞他復活的消息，會惹來懷疑與不信任的眼光嗎？他當然知道！但是他信得過我，他知道抹大拉的馬利亞神智早已清晰，足以承擔傳播佳音的使命。

我心裡篤定，堅信在墓地的經歷絕不是我精神錯亂的幻象。不管弟兄姊妹如何質疑，我都毫不動搖。

果然，當天晚上，當大夥正在用餐，並談論這件事的當兒，耶穌突然現身我們當中。再次見到心愛的主，我欣喜若狂。其他人卻嚇得直打哆嗦，以為見鬼了！耶穌說：「你們怕什麼呢？為什麼不相信馬利亞說的話？是我啊！」隨即他伸出手來，把手上的釘痕、肋旁的刺傷給大家看，證明他確實是三天前被凌辱釘死的主耶穌。

看著大夥不可置信的面容，耶穌接著問：「有什麼吃的沒有？」有人抓著一片烤魚就遞了過來。只見耶穌當著大夥的面，把那片魚給吃了下去。

這下沒有人懷疑了！站在我們面前的，不是鬼魂。因為鬼魂沒有肉也沒有骨，更不會吃東西。站在我們面前的，是我們復活的主耶穌！

他讓我們看見他復活的肉身，並不是要嚇我們，而是要證實他所預言的話，堅固大夥的信心。我們的主確確實實戰勝了死亡，從死裡復活了！這個大好的消息，他不容我們留著當秘密。他要我們到世界各地去傳播這個福音，凡是信而悔改的人，就能得到饒恕。

其實豈止是得到饒恕而已？還能擁有全新的生命！我就是一個活生生的例子。對於他們一開始懷疑我的心智健全，弟兄姊妹們都感到很抱歉。但是我一點也不在乎。耶穌不也是被懷疑、唾棄嗎？他是我的主子，不公平的待遇他能承受，我就也能承受。而且看啊！他復活了！他說他將永遠與我們在一起，直到世界末日。從今以後，我的生命中再也沒有比依附他、追隨他更重要的東西。旁人就算要輕蔑、要貶損，又豈能傷得了我幾分?!

（取材自約翰福音第20章，第1至23節）

Alexander Andreyevich Ivanov, *Appearance of Jesus Christ to Maria Magdalena*, oil on canvas,1834-1835

以子為榮
——雅各與約翰的母親

先見之明不容易，當局者迷。有時候，必須等事情過去，我們才看得清。

這話我深深體會，對我兒子來說，又何嘗不是如此？

在這個時局動盪的年代，我們緊緊跟隨耶穌。很難用言語來形容，但是自從雅各和約翰放下捕魚的工作，回應耶穌的呼召之後，與他朝夕共處下來，耶穌他那充滿智慧的、以身作則的言行教導，讓我們深信他就是大夥一直以來期盼的救世主。他不僅會解救我們猶太人，更是將統領全宇宙的君王。

耶穌的追隨者——我們如是稱呼自己。

事實上，在那一刻，誰又真正明白那「追隨」的意義？

說起來，我是相當以自己的兒子為榮的。雅各與約翰，兩個人都被耶穌揀選為弟子。你說世界上人那麼多，猶太人嘛也不少，耶穌在其中只挑十二個人，而這十二個人裡面就有兩個是我的兒子。做母親的我，想起來就眼睛發亮、嘴角上揚，臉上大大增光！

而且，不是被選為門徒就好了喔！十二個人裡面，除了彼得以外，就屬我的雅各和約翰最被看重。在許多不同的場合中，耶穌都是留下其餘九人，只帶彼得、雅各和約翰三人同行的。

你說我高興得有沒有道理？我不僅高興，我還暗地裡得意：怎麼樣？我這個母親教出來的孩子還算不錯吧?!

得意之後，就漸漸忘形；得著青睞，就妄想索取更多。

我心裡一直有個疑問：既然耶穌對雅各和約翰特別照顧，那麼等將來的新王國降臨，他一定也會給他們一個不賴的差事吧？可惜耶穌自己從來不提這檔事，迫使我想自己去向他求證，得一個肯定的答覆。

於是我拉著雅各和約翰兩人來到耶穌面前，噗地一聲跪了下來。耶穌問我有什麼請求？我回答：「求你答應，在你做王的時候，讓我這兩個兒子，一個坐在你的右邊，一個坐在你的左邊。」我的兒子若不能作王，作一人之下，萬人之上的宰相，我死也可以瞑目。

你想：我的兒子若作了萬王之王的左右手，那將會有多大的權柄與影響力啊！旁人肯定會對我們另眼相看。作母親的難道不與有榮焉？

我希望聽到耶穌說：「這是理所當然的事！否則我幹嘛跟他們那麼親近？不就是在為將來治理天下做打算嗎？」沒想到他卻回答：「你們不知道自己在求什麼。我要喝的苦杯，你們能喝嗎？」

苦杯？什麼苦杯！他不是要當王的嗎？這不就是我們猶太人期盼已久的揚眉吐氣的日子？我是說到了那一天，我的兒子會得到一份重要的職位吧？

正在腦袋裡推論的當兒，雅各和約翰異口同聲說：「我們能！」

真是爭氣的好孩子！

不料耶穌還是不滿意。他說：「就算你們能喝我的苦杯，我還是沒有權決定誰坐在我的左右。這些位子，天父要給誰就給誰。」

我有沒有聽錯啊？耶穌當了王，還不能決定要幹嘛就幹嘛，還得聽別人的嗎?!

不過說實話，我對耶穌的回答說驚訝，也不驚訝。想想在他身邊這麼久，看他與稅吏、妓女為伍，與權高勢重的祭司和法利賽人為敵，碰觸痲瘋病患，並醫治他們。哪一次他是按牌理出牌？他畢竟和我們不同，他的所思所想，全都高過我的理解範圍。

我只知道這次好事沒成，反而弄巧成拙。雅各和約翰想居高位的野心被其他十個門徒知道後，惹來他們一肚子的牢騷與怨氣！

門徒間的明爭暗鬥，幾乎造成窩裡反。看在耶穌眼裡，實在大大不可取。他把大夥叫來，機會教育說：「世俗的在上位者，不乏濫用職權、自以為大、用權力來控制、利用，甚或壓迫百姓的人。但是你們不同。你們當中誰要做大人物，誰就得作你們的僕人；誰要居首，誰就得作你們的奴僕。正像我一樣，我不是來受人侍候，而是來侍候人，並且為了救贖眾人而獻出自己的生命。」

一番話把我們訓得面紅耳赤，無地自容。他看穿了我們的心思——覬覦權勢、吹捧自己、自我中心。一句話：我們還是愛屬世的虛榮！這麼依戀世界的一群人，竟還大言不慚地宣稱自己是耶穌的門徒！

耶穌不是這樣子的。他貴為上帝的獨子，卻放下天堂的一切榮耀與權貴，來到人間，置身在污穢與不完美中。他一輩子都在服侍別人，放棄自己的權利與享受，過著最卑微、簡樸的生活。他那許多在我們眼中不尋常的驚人之舉，目的也從來不在譁眾取寵，而是他愛人、憐憫人的真情流露。

想到這兒，我實在後悔自己的行徑，向耶穌提出那個請求。本來嘛！如果我真的從耶穌身上學到真理的話，就該明白：服務與事奉才是我們應該追求的，而不是崇高的身分與地位。無論在什麼崗位上，我們的職責是公平、正義、憐憫，並謙卑地與主同行。況且，誰該坐在哪個位子，根本由不得我們來決定，也不是我們應該關心、過問的事。連耶穌——我們的主，都知道順服、信任天父的安排，我又算什麼，膽敢質疑，甚至操縱上帝的權威？

說來都是因為我們把焦點放在錯誤的目標上了。耶穌及時的更正，讓我們有一番瞭悟。雅各與約翰不再作聲。

就在這次「求權、求地位」事件之後不久，耶穌進入耶路撒冷城。在短短的時間內，他雖無罪，卻被嫉妒仇恨他的祭司長和長老們擒抓、審判，並處死。耶穌忍受羞辱，承擔肉體上的刑罰，精神上的孤獨與煎熬。那份氣度，那種堅持，那麼正氣凜然！讓我在心如刀割的流淚之外，更油然而生一股前所未有的崇敬與感恩。

原來這就是他提到的「苦杯」！原來在得著榮耀之前，我們也必須跟他一樣，有受苦與堅忍的心理準備。

雅各與約翰，我的兩個兒子，他們明白了。他們當初也許只是輕率地回答：我們能喝你的苦杯！今天，在十字架面前，在耶穌手腳上的釘痕與鮮血之間，他們震裂肺腑地看到救世主必須付出的代價！

還好，故事並沒有在此結束。三天後，耶穌死而復活，四十天之後，被接升天。這一切，雅各與約翰親眼目睹。靠著耶穌賦予他們的力量，他們無畏牢獄之災與酷刑，約翰用言論為耶穌作見證，和彼得兩人無視祭司與經學教師們的虎視眈眈，在眾人面前傳講福音。而雅各，哦！我的雅各！他更是獻出了自己的生命，成為十二門徒中第一個殉道的人！

他們用行動證明自己真正願意作到捨己，品嚐那杯中的苦汁，專心一意地為傳播福音這個更崇高、更有價值的目的而活！因為他們相信：只要追隨耶穌的腳步，跟他一同受苦，那麼，他們也就能跟他一同得著榮耀！我們的主雖然經過死陰幽谷，但是他戰勝死亡，永遠存在。有一天，他會再降臨，他的榮耀世人將有目共睹！

也許我在世的日子還看不到那一天，就像雅各先走了一步。但是耶穌永遠走在所有人的前面。看他、想他，我便知道雅各與約翰的犧牲不會是白費。

兒子們將來究竟會擔任什麼職務？那已經不是重點。我看到了他們品格中被耶穌轉化、影響的真實情操。身為母親，我打從心底以他們為榮！

（取材自馬太福音第20章第20至28節）

瘋狂
——希律王之妻希羅底

你嚐過血的味道嗎？你知道雙手沾滿血腥是什麼感覺嗎？

我嚐過！我也知道！

彼拉多那個羅馬總督，在處決耶穌之前，把手洗了，表示自己跟耶穌的死沒有關係。但是我手上的血怎麼洗都洗不掉！不論是用水洗、用石頭磨、用舌頭舔……，結果伸出手來，還是那濃濃稠稠的鮮紅、腥臭的味道，走到哪兒跟到哪兒。

曾經想過乾脆把手砍了算了。但是你看看，這雙手還如此修長、細嫩。我的丈夫希律王初見我時，就忍不住把兩片貪婪淫蕩的嘴唇緊緊貼在這一雙纖纖玉手上，不肯挪去。我怎麼能把他們砍掉?!

什麼？你沒看到任何血跡，也沒聞到臭味?!嘻嘻！那你就小看我了！我這種女人，你一輩子也遇不到幾個。我告訴你：這手上的血，不是殺羊宰牛的血；這手上的血，是人血！是砍人頭流出來的血！

怎麼樣，嚇到了吧？告訴過你，千萬不要小看我！我做的事，夠你做上三天惡夢！我怎麼知道？這惡夢，連著那腥臭，已經跟了我好多好多年。有一次，這夢不留在夢裡，竟大剌剌地跳出來跑到我眼前！我分明是醒著的，眼睛睜得特別大。那顆血淋淋的頭就在我眼前飛轉。我躲他、避他、用手揮打他，他就是有辦法咧著一張嘴，讓我無處遁逃！

我使勁兒地跑啊跑，尖聲亂叫。結果猛地一頭撞上了牆壁，整個人昏了過去。醒來時，聽到床邊的人竊竊私語，說我瘋了！我沒瘋！我只是要躲開那顆頭。

那顆亂髮披頂、眼神炯亮、脖子下滴淌著鮮血的頭——約翰的頭！

他們叫他「施洗約翰」。因為他到處勸人悔改，說什麼天國近了，願意認罪悔過的人，他就在約旦河為他們施洗。我根本不信他那一套！一個住在曠野、吃蝗蟲野蜜、穿駱駝毛做的衣服、披頭散髮的野人，我幹嘛要去聽他的？如果他不來惹我，我根本不屑去理會那種人。但是他不知好歹、不自量力，竟敢在太歲頭上動土！我丈夫希律可是管轄加利利一帶的王，大家怕他都來不及，誰敢在他面前頂撞或發微詞?!只有這個野人！他不管好自己的事，竟斗膽批評我和希律的婚姻，說希律不該引誘我、娶我為妻，因為我本是他的弟媳。

沒錯！當年希律來羅馬拜訪他的弟弟腓力，看到我之後，立刻被我的美艷吸引。對我來說，是正中下懷。我早就厭倦了腓力的消極與缺乏野心，這會兒來了一個加利利的大王，我若跟了他，一定可以過更豪華堂皇的生活！

就這樣，希律和我一拍即合。我拋棄丈夫腓力，跟著希律從羅馬來到加利利。然後希律也休掉他的前妻，與我成婚。

這事大家都知道，有什麼大不了?!偏偏這個約翰就要來多管閒事，說我們不道德、犯姦淫。而且他不是說一次就算了，還一而再、再而三地指責。我們可是高高在上的君王與王后耶！難道還要像小孩一樣聽你的教訓？

希律王馬上下令逮捕約翰，把他關進大牢。但是他不敢殺約翰。一方面，他真認為約翰是一個正直聖潔的人；另一方面，他也怕引起人民的騷動。你別看約翰野人一個，他可是到處受到愛戴，大家都稱他為先知。希律雖然貴為大王，但是怎麼樣也不好公然殺掉一個公認的先知。

但是我一口怒氣憋在心裡，就是忍不住！約翰雖然人在大牢裡，他的批評與指責卻像支利箭，能通過牢門，刺得我非常不舒服。因為約翰的緣故，每次希律和我出去，都感覺人民的眼神裡透露著一股不滿與責備。

我非把這個約翰殺了，堵他的口、洩心頭恨！

終於機會來了！

希律生日當天，我們宴請政府顯要、文武官員，和加利利民間的領袖。大夥大啖美酒佳餚之際，總也需要點娛興節目。我與前夫生的女兒沙樂美正值花樣年華，身材凹凸有致，長得又嬌豔動人。在我的調教之下，她舞跳得非常好。那天，沙樂美就在眾賓客面前表演她的拿手絕活。

看到她隨著音樂，扭腰擺臀、酥胸半裸，在場的男人個個心跳加速、眼冒火光、垂涎三尺。希律更是龍心大悅，當著眾人的面對沙樂美說：「妳想要什麼，盡管說吧！我都會給妳！」接著又喝下兩大杯酒，發誓說：「妳就是要我江山的一半，我也答應！」

「我要向他求什麼呢？」女兒跑來問我。這不正是我夢寐以求的時刻嗎？我用不著考慮，眼皮眨也不眨，脫口就說：「約翰的頭！要他把施洗約翰的頭放在盤子裡，拿來給我！」

沙樂美看我如此斬釘截鐵，知道母親的話無法違背，於是乖乖地把話傳給希律。

希律一聽馬上臉色大變！他原本以為把約翰抓起來就沒事了，沒想到我不願就此善罷甘休。這會兒他已經發了誓，而且當著這麼多人的面，若是食言，豈不面子盡失？

希律就算心裡有一百個不願意，硬著頭皮，他也得去斬約翰的頭！

當沙樂美拿著侍衛交給她的那顆血淋淋的頭顱給我時，我在那亂髮下看到約翰緊閉的眼、緊閉的嘴；我看到這「聖潔」的人斷頭。哈哈哈！終於消了長久以來的心頭恨。哈哈哈！這是我希羅底的大勝！

可是你知道嗎？那雙緊閉的眼後來又張開了，而且更加炯炯有神！那張嘴後來又動了，整天在我耳邊嘰嘰喳喳，讓我不得安眠。他頸下的血，濕稠黏膩，一直沾在我的手上。

那張嘴不停地說：「看啊！妳借刀殺人，讓丈夫、女兒都成了共犯，難道不罪大惡極？妳讓仇恨在心裡紮根，充滿惡毒與妒嫉。你根本不知道自己要往那裡去，因為你活在一片黑暗中——黑暗讓你瞎了眼睛！」

是不是因為這樣，所以我汲汲營營，一直得不到滿足？雖然權力與財富在握，卻仍然感到一片空虛？

「惡人謀害義人，卻不知道自己被毀滅的日子就要到了……。」

哦，我不要再聽了！求你讓這雙眼睛閉上，讓這張嘴不要再喋喋不休！我殺了約翰又怎樣？

我控制丈夫、左右他的仕途、把女兒當籌碼又怎樣?!我要過好日子，要往高處爬，約翰想扯我後腿，就別怪我心狠手辣！

怎麼，你怕了？怕我臉上如死屍一樣的慘白？是啊！有時候我覺得那顆被砍斷的頭顱都比我還有血色。你想，如果我死了，他會不會也一路跟到我的墓穴去？

啊……！

我得去找希律！希律與希羅底，我們註定要在一起。他昏庸狡猾，我殘忍記恨。我們求權求勢，不擇手段。如果我在黑暗中墮落沈淪，他想必也好不到哪兒去！跟他在一起，至少我不用感到羞恥或慚愧。

你走吧！我準備上胭脂，把手上的紅分一點到臉上去。得趁希律把所有酒喝完以前，搶一些過來舒坦一下情緒。然後我們就可以把污穢的雙手藏在背後，出去大聲向眾人宣告我們的清白無懼！

（取材自馬可福音第6章第16至28節）

Paul Delaroche, *Herodias*, 1843

為那更好的

——呂底亞

「你們要靠主常常喜樂！我再說，你們要喜樂！」

今天收到保羅弟兄的來信，我們的心多麼雀躍！

說來真令人驚異，如何讓人明白？一個正在獄中受苦受難的人，不但沒有唉聲嘆氣，反而還心懷喜悅地鼓勵旁人。如果不是靠著一份摧毀不了的真信仰支撐，是沒有人能辦到的。保羅甚至認為：他的遭遇能夠幫助福音的開展。只要福音能傳開，受再多的苦都值得。

福音，是保羅生活的重心；福音，也是連結我們的強大力量。這力量讓我這個原本徬徨迷惑的商女，神采飛揚、喜樂平靜。

做生意的日子並不容易。我每天帶著自己染的布疋在腓立比城裡叫賣。天氣好時，買客也多；變了天色，躲都沒地方躲！大街上買賣各種物品的商人，不乏爾虞我詐、唯利是圖的壞份子。終日與討好奉承、打躬作揖的虛偽面孔為伍，讓人懷疑世間是否有真正的高尚、公正與純潔。

然而，這只是外在的環境罷了，個人試著潔身自愛就好。比較困難的，是面對內心漸漸強烈而明顯的無意義感。尤其是在生意做得得心應手之後。

腓立比離海不遠，又位在希臘羅馬的商路上，佔盡地利之便。我的顧客從皇宮貴族到平民小卒，各種各樣的人都有。通常，什麼樣的色澤質料推薦給什麼人、哪個時節在哪個地方有特別的需求，我都拿捏得八九不離十。再加上我染的布料，顏色從紫藍到深紅，均勻好看，訂貨一定如期交貨，價錢也公道，顧客都非常滿意。他們再介紹客人過來，就這樣一傳十、十傳百，可以說，我的口碑極佳，生意也相當興隆。

生意人憑本事做買賣，賺錢營利是天經地義的事，本無可厚非。只是，我總是在物質的豐裕之際，老想著「意義」的問題。一個人生存所需的東西加起來不過就是麵包、飲水、住屋與衣物。滿足了這些之後，所有其他的東西都是奢侈與享受。要說到聚財以求保障，我也早就明白金錢不能擔保你長命百歲、無憂無慮。當年丈夫重病時，我們的錢並沒能讓他多活一刻鐘。

周遭人都把營收獲利當成生活的所有內容、人生的終極目標。他們為了生意興隆去膜拜各式各樣的神祇，看似虔誠，說穿了，不也全是功利現實主義？

我不要為了錢財患得患失，對他們拜的那些神，根本沒有興趣。

倒是猶太人所敬拜的上帝，好像蘊藏著極大的奧祕。他們相信這上帝是唯一真神，創造了宇宙萬物，並揀選以色列人、賜下律法，一路帶領他們。這位上帝，對全人類的救贖有一個安排與計畫。

我在工作之餘，常常會和猶太婦女碰面，一起禱告。而我越是深入參與，越是感到求知若渴。我想知道生命的起源、去處，以及活著的意義。我要尋求真理，一個生活真正可以依靠的歸依。

就在這時，保羅出現了！

那天是猶太人的安息日。因為附近沒有猶太會堂，所以我們就聚在河邊禱告。我在心裡對上帝說：求你引導我，讓我更加認識你。結果一睜開眼，就看見四個陌生男子向我們走來。疲憊的面容，像是經歷了長途跋涉一般。

四個男人當中，有一個是鼎鼎大名的猶太法學專家，名叫保羅。他們不但沒有藐視我們一群女流之輩，反而坐下來，開始跟我們講述耶穌的事蹟。

他說：有一個名叫耶穌的拿撒勒人，是上帝的獨子，卻放下一切屬天的尊榮，變成一個弱小無助的嬰孩，誕生在馬槽裡。他生長在一個木匠家庭，對天國的事理，卻了解得比位高權重的大祭司還深刻。他無權、無勢，只揀選了十二位門徒，到處傳講上帝的道，並醫治、趕鬼。三十三歲的時候，因為猶太祭司與經學導師的嫉妒，被抓、受審判，最後雖無罪卻仍被處以極刑，釘死在十字架上。

但是這並不是故事的終結。耶穌死後被埋葬起來，第三天卻從死裡復活。守墳墓的羅馬官兵無從解釋，猶太人中的敵對者也到處找不到屍體。復活後的耶穌和門徒們一起吃喝。他們親眼目睹耶穌手上被釘子穿透的傷痕，也看到他被接到天上去。

保羅引證摩西律法和先知書，說明耶穌就是上帝應許的彌賽亞。他來是為了我們人類的救贖，自願背負所有人類的罪過，死在十字架上。以自己作為獻祭，目的是要讓相信他的人認罪悔改。藉由他的犧牲，重新修復與上帝的關係，進而得到永生。

聽著聽著，我突然感到茅塞頓開、豁然開朗。原來，救世主彌賽亞已經到來，他的名字叫做耶穌！我也明白，與保羅的相遇絕對不是偶然，而是上帝回應我這顆追求真理的心，特地派遣這位使徒來教導與帶領。

我豈能不受教、不細心聆聽?!最令我感到驚奇的，是保羅的誠實與謙卑。他坦承自己曾經是基督門徒的頭號敵人。當年，這位受過嚴格的律法訓練、熱心事奉上帝的法利賽人，不僅極力反對耶穌和他的信徒，還大舉迫害他們。不論男女，或抓或關或派人用石頭打死，無所不用其極。

就在他前往大馬士革，打算逮捕那兒的基督徒之際，突然有一道強烈光束，伴隨著一個聲音，從天而降：

「掃羅、掃羅！你為什麼迫害我？」

保羅嚇壞了，慌張問道：「主啊，你是誰？」

「我是你所迫害的拿撒勒人耶穌。」

耶穌用這個方式讓保羅「看見」，並指派他為福音作見證，要把所看見、所聽到的告訴萬民。

事隔多年，保羅講起這件事，還是熱淚盈眶。他衷心感激耶穌的救恩，不僅給他一個自新的機會，還揀選他，讓他去傳播福音。為了方便把福音傳給猶太人以外的地區，他放棄「掃羅」這個猶太名字，改用羅馬名「保羅」，並決定這輩子要做耶穌的忠實門徒，以傳講福音為職志。

曾經是這麼一個叱吒風雲、不可一世、前途無量的法利賽人哪！他不僅自曝過往的醜陋與過錯，更用行動來證明自己已與過去畫清界線，從此不畏艱難阻撓，只求榮耀主名。

這種信仰的力量，我不曾在其他的偶像崇拜中看過。哪一個拜神的人不是帶著自私的心願而來？像保羅這種不為自己的好處，反而忍受迫害、拒絕、驅逐、羞辱，甚至毒打，只求帶領人歸信耶穌，而且還能滿心喜悅的，絕無僅有了。他若不是瘋子，就是真的被更新了生命，在有限的肉體存在中，看見了永恆的應許與盼望。

我相信他！

相信之後必須做的事，是接受洗禮。不僅是我，我的全部家人也都接受福音、信了耶穌。保羅大受鼓舞，他說：我是他足踏歐陸以來，第一個歸信耶穌的信徒。

我一介女流，不能為他們做什麼。但是起碼提供一個住宿的地方、準備幾道小菜，是絕對辦得到的。於是我堅決請他們到家裡來住，還招集許多想聽道的人過來。從此，我開放住家，和信徒們定期聚會，一起禱告，互相勉勵。喜事一起高興，憂愁共同分擔。不分貧富貴賤，在主裡大家都是一家人。

我也終於在物質的富足間，看見財富真正的用處。我們所有的一切：健康、錢財、工作等等，皆是上帝的賞賜，理應歸回給上帝，供上帝安排使用。我仍然熱心於染布、販賣的生意，而且工作得更加起勁、更有喜樂。不同的是：賺錢不再是人生的目的。我在工作中看到自己的社會責任。既然一切都是上帝的施予與恩典，就絕不能昧良心、貪得而不付出。我要運用自己能使用的資源——房子、金錢、人脈、影響力等等，來幫助福音的傳遞、供應有需要的人。

譬如保羅，譬如其他為了傳福音而在物資上需要接受救濟的人。

保羅信任我，相信我的誠意。因此當他從監牢裡被放出來以後，第一個就上我家來，把一切來龍去脈說給大家聽。謝謝我們聚在一起為他的平安禱告，並鼓勵我們，堅固我們的信心。

事情是這樣的：保羅在本地傳福音時，奉耶穌的聖名把一名被邪靈附身的女奴醫好了。女奴從此恢復心智，不再占卜未來。這使得原本利用她替人占卜的主人損失許多收入。女奴的主人心生怨恨，便煽動群眾攻擊保羅和他的同工西拉。並在羅馬官長面前誣告他們，致使官長命令將他們的衣服剝了，鞭打一頓，然後關進牢裡，銬上腳銬。

我一聽到消息，當然馬上招集信徒到家裡面來，殷切地為他們禱告。此時我們的保羅弟兄不但不慌張，還氣定神閒地跟西拉在大牢裡唱詩頌讚上帝。

結果奇蹟發生了！一個大地震把所有的監門都給震開，囚犯的鎖鍊也都掉落。保羅不僅沒有逃跑，反而還向看守監獄的獄卒講解上帝的道。獄卒和他的一家就在當夜受了洗禮，信了耶穌。

許多人問我：怕不怕牽扯上囚犯，惹麻煩上身？我必須說：如果沒有對這位真神的親身體驗，以我生意人凡事求自保、計算投資報酬率的本能，肯定會離保羅遠遠地。但是就是因為經歷到禱告蒙垂聽、保羅奉耶穌之名所行的神蹟，還有他在壓迫患難中的平安喜樂，讓我確信此人所言絕不假！

我一向不盲從、不道聽塗說。商場上的競爭與訓練，造就了我冷靜思考、獨立判斷的能力。我也想過：救世主代我們被釘死在十字架上、死而復活、升天的訊息，聽起來真的有點不可思議，好像童話故事，不能當真。而且當門徒，不僅不能保障財源廣進，還得冒被迫害與追殺的危險。請問：哪一個「瘋子」會願意追隨、願意相信?!

但是誠如保羅所說：「上帝運用他的智慧，使世人不能夠藉著自己的智慧去認識他。相反地，上帝決定藉著我們所傳那『愚拙』的信息來拯救信他的人。猶太人要求神蹟，希臘人尋求智慧，我們卻宣揚被釘十字架的基督。這信息在猶太人看來是侮辱，在外邦人看來是荒唐。可是在蒙上帝選召的人眼中，這信息是基督。他是上帝的大能，上帝的智慧。」

保羅確知在耶穌基督裡有拯救，罪能得赦免，並有上帝的保守與安慰，因此便輕看自己肉體的苦難與折磨。他說：「我並不珍惜自己的性命，為的是要完成我的使命，成就主耶穌交給我的工作，就是見證上帝恩典的福音。」

那麼我又何必去在乎旁人的閒言閒語，擔心我的信仰會影響生意，或是招來顧客的揶揄取笑呢？他們對自己的信仰，有我對耶穌的確據嗎？

我選擇相信保羅的見證，學習他，一心為主耶穌，為傳福音而活！雖然保羅現在再度遭遇牢獄之災，被監禁在羅馬大牢裡，準備求見帝王。但是我們靠著耶穌基督得以堅強。他的聖靈帶領我們；他的愛，時時鼓勵我們。

所以我們要喜樂！因為知道上帝的福音能因此傳得更遠、更廣。人的一生，能為那更美好、更有意義的而工作，夫復何求？

（取材自使徒行傳第16章第11至40節）

Harold Copping, Lydia

意義的傳承
——提摩太之母友妮基

今天收工得晚，走在回家的路上，暮色低垂，稍顯寒意。秋天，是提摩太喜歡的季節。小時候，他最愛在大自然中讚嘆上帝的巧奪天工，沿途撿拾繽紛的落葉，回家用繩子串成一條鍊子，然後再恭恭敬敬地幫我掛在脖子上。

時間過得好快！那是多久以前的事了？他現在在哪兒？過得好嗎？

心裡思念著兒子，回家的腳步有點蹣跚。快到家時，遠遠就看見母親高舉著手，在空中揮舞著。他捎信來了！我們親愛的提摩太！

信上說：他們在特羅亞，正準備離開小亞細亞，前往馬其頓⋯⋯。

認識我們的人都不太了解母親和我的作法。即便是教會裡的弟兄姊妹，也覺得我們冒的風險太大。家裡就這麼一個男丁，放他一走，不知道要多少年！去什麼地方？露宿風餐地，會不會有生命的危險？萬一有什麼三長兩短，留下母親和我兩人，晚年該由誰來照應?!

但是對母親和我來說，要拒絕保羅的請求，是不可能的。畢竟，我們祖孫三代，都是因為他才認識耶穌基督。我們都是蒙恩的人。現在保羅需要一位助手，跟他一起去傳講福音，我們怎好因為私心，阻攔提摩太去為神國的事奔走，讓更多的人因為信耶穌基督而得永生？

打從他小時候起，母親和我便努力提供提摩太一個溫馨、和睦、充滿愛的家，並且教導他要愛人如己。現在，我們自己既得著福音的好處，怎好坐享其成，不獻上一份心力？保羅需要他，就等於上帝需要他！有上帝的呼召，即使身為母親或外婆，也沒有阻擾的權利。

而且，我們對保羅的事工深具信心。他原本是激進保守的猶太經學教師，對耶穌的門徒恨之入骨，不惜追殺迫害。但是耶穌親自向他顯明，指正了他人生的道路。從此，保羅從基督徒的頭號敵人，變成基督的忠實僕人。

他不辭辛勞，長途跋涉從安提阿出發，坐船經塞浦路斯島，然後到路司得我們這兒來。一路冒著被不信的人用亂石打死的危險，傳講耶穌死而復活，救贖完成的福音。他引經據典，為我們證明拿撒勒人耶穌就是先知們預言的彌賽亞。

這對我們猶太人來說，真是天大的好消息！原來我們滿心期盼的救世主彌賽亞已經降臨，為我們全人類死在十字架上，成就了上帝託付的救贖使命。

這是多麼不可思議的消息！好得無法相信，卻又是不爭的事實。

這一帶聽到福音，且接受耶穌為救主的人，漸漸組成一個團契。大家定期聚會，讀經禱告，彼此分享鼓勵。提摩太當時十五歲，年紀輕輕就接納耶穌進入他生命中成為主宰。往後的日子裡，他在基督裡孕育衍生出的美好品德與性情，讓他聲名遠播。因此當保羅第二次來到此地，就揀選提摩太，要帶他走，做自己的助手。

提摩太把保羅對他的看重視為殊榮，躍躍欲試。他在主裡被塑造、培養，早已有一顆熱切愛主的心，願意擺上自己，事奉上帝。再說保羅對這孩子有一份特殊的情感，他們兩人相處在一起，就像親父子一般。我相信保羅會善待他、教育他，將他培訓成一個合神心意的領袖。

如果將自己捨不下兒子的私心放在一邊，實在就找不到理由來回絕保羅弟兄。唯一的顧慮恐怕是我的老母——提摩太的外婆了。

說到我的母親，自從提摩太的父親過世之後，我為了家計，必須出外工作。當時提摩太年紀還小，多虧母親替我照顧，否則我一個人絕對應付不過來。母親是一個敬虔信仰上帝的有德婦人，她從提摩太小時候起，就教導他上帝的話語，讓他浸淫在上帝的規範中。

這種正確的教養，實在是無價之寶！尤其在這個世說紛紜的時代，普遍充斥多神的信仰，人們膜拜各種神祇偶像。不僅是希臘人，連猶太人都喜歡談哲學，爭辯什麼是生命、真理。說穿了，都是一些世俗的虛談、似是而非的學問。他們真正有興趣的是神蹟奇事，喜歡嚼舌根、談八卦，還主張所有的一切都是相對的。

但是一切怎麼可能都是相對的呢？耶穌為我們被釘在十字架上，死而復活、復活後升天。這事如果不是真的，就是天大的謊言。耶穌如果不是他自己所宣稱的：是上帝的獨子、救世的彌賽亞，那麼他就是大騙子一個！我們現在的敬拜、聚會、禱告，就完全沒有意義，甚至荒謬可笑！

關於耶穌這個人的身分，不能模稜兩可！他如果不是上帝的兒子，就是瘋子、騙徒。而如果他真是上帝派遣來的彌賽亞，那我們怎能不接受、不遵從、不順服呢？

保羅告訴我們：基督必須受害，然後從死裡復活。耶穌的生平，以及上帝透過他所行的計畫，先知以賽亞在六百多年前就清清楚楚地記載下來。而耶穌死時的遭遇，更早在一千多年前就經由大衛王的口中說出。再加上有那麼多像保羅一樣被改造的生命替耶穌做見證，我們怎麼能視而不見、聽而不聞?!

「因我們的罪惡，他被刺傷；因我們的過犯，他挨毒打。因他受責罰，我們得痊癒；因他受鞭打，我們得醫治。」以賽亞如是說。上帝愛我們，甚至賜下他的獨子，為我們死在十字架上，好讓一切信他的，不致滅亡，反得永生。想到此，我說什麼都不能再緊捉住兒子不放，不讓他去為上帝傳福音。況且，兒子這一輩子，還會有什麼其他的事業，比得上為上帝效勞更有價值、更有意義?

母親雖然老淚縱橫，百般不捨，但是在和保羅促膝長談與禱告後，我們終能達成共識。提摩太帶著我們的祝福，和保羅弟兄踏上征途。

母親和我，沒有留給提摩太什麼物質上的遺產。我們傳給他的，是一顆認識、敬畏上帝，以及愛人的心。以前，我們對上帝只有一個模糊的印象；現在，我們在耶穌基督身上看見上帝的公義、慈愛與捨己。

提摩太能夠被上帝重用，找到生命的位置，活出真正的意義與光彩。從永恆的角度來看，他的生命是豐碩、美滿的。「敬畏耶和華是智慧的開端，凡遵行他命令的是聰明人。」母親和我謹守這一原則，用上帝的規範來教養提摩太。尾隨而來的，就是他身上所散發的一切美好情操、品德與智慧。

生命的傳承，不就貴在真理的教育與愛的延續上嗎？培養提摩太成為一個愛上帝、無私、盡忠、溫和、有耐心、能接納愛，並付出愛的有為青年，是作為一個母親最高的榮譽。我們不要他定睛在世俗所看重的財富與權勢上，而是鼓勵他去從事上帝眼中真正有價值的事工。

你問我們晚年的生活怎麼辦？上帝會負責的！我們的每一根頭髮，上帝都數算。況且，有誰能藉著憂慮多活幾天呢？我們有一位慈愛、願意為我們捨命的天父，將一切交在他手中，實在沒有什麼好擔憂的。

至於提摩太，信實的上帝既然讓他離開愛他的母親與外祖母，就一定會感動其他的婦女來照顧他沿途的一切需要。

你看，他現在要往歐洲去了！上帝的國度就要擴展、延伸出去。留在「後方」的我們是何等雀躍！即便旅途勞頓艱辛，但是上帝的愛支持他們前行。無論如何，提摩太知道：上帝與他同在。而我們雖然不能守在他身邊，卻一定會忠實地日日夜夜以禱告與他相伴。

（取材自提摩太後書第1章第5節）

感謝

在此特別感謝恩師彭鏡禧教授與好友于禮本的支持與鼓勵。

感謝好友Erna Martens在我撰寫此書時，提供給我的參考資料。

謝謝宇宙光雜誌編輯的鼓勵，促成這一系列女人故事的誕生。

更感謝秀威出版社王奕文編輯費心尋找圖片，搭配內文，提供讀者更深一層的視界。

新銳文學叢書25　PA0068

新銳文創
INDEPENDENT & UNIQUE

「肋」在其中
──聖經的女人故事

作　　者　區曼玲
責任編輯　王奕文
圖文排版　張慧雯
封面設計　陳佩蓉

出版策劃　新銳文創
發 行 人　宋政坤
法律顧問　毛國樑　律師
製作發行　秀威資訊科技股份有限公司
114 台北市內湖區瑞光路76巷65號1樓
電話：+886-2-2796-3638　傳真：+886-2-2796-1377
服務信箱：service@showwe.com.tw
http://www.showwe.com.tw
郵政劃撥　19563868　戶名：秀威資訊科技股份有限公司
展售門市　國家書店【松江門市】
104 台北市中山區松江路209號1樓
電話：+886-2-2518-0207　傳真：+886-2-2518-0778
網路訂購　秀威網路書店：http://www.bodbooks.com.tw
國家網路書店：http://www.govbooks.com.tw

出版日期　2013年6月　BOD一版
定　　價　350元

國家圖書館出版品預行編目

「肋」在其中：聖經的女人故事 / 區曼玲著. -- 初版. --
臺北市：新銳文創, 2013.06
面； 公分.
ISBN 978-986-5915-72-8 (平裝)

1. 聖經人物 2. 女性

241.099 102005307

讀者回函卡

感謝您購買本書，為提升服務品質，請填妥以下資料，將讀者回函卡直接寄回或傳真本公司，收到您的寶貴意見後，我們會收藏記錄及檢討，謝謝！如您需要了解本公司最新出版書目、購書優惠或企劃活動，歡迎您上網查詢或下載相關資料：http:// www.showwe.com.tw

您購買的書名：________________________________

出生日期：________年________月________日

學歷：□高中（含）以下　□大專　□研究所（含）以上

職業：□製造業　□金融業　□資訊業　□軍警　□傳播業　□自由業
　　　□服務業　□公務員　□教職　□學生　□家管　□其它______

購書地點：□網路書店　□實體書店　□書展　□郵購　□贈閱　□其他

您從何得知本書的消息？

□網路書店　□實體書店　□網路搜尋　□電子報　□書訊　□雜誌
□傳播媒體　□親友推薦　□網站推薦　□部落格　□其他__________

您對本書的評價：（請填代號　1.非常滿意　2.滿意　3.尚可　4.再改進）

封面設計____　版面編排____　內容____　文／譯筆____　價格____

讀完書後您覺得：

□很有收穫　□有收穫　□收穫不多　□沒收穫

對我們的建議：________________________________

____

____

____

請貼
郵票

11466
台北市內湖區瑞光路 76 巷 65 號 1 樓
秀威資訊科技股份有限公司　　收
BOD 數位出版事業部

（請沿線對折寄回，謝謝！）

姓　名：＿＿＿＿＿＿＿＿＿＿　年齡：＿＿＿＿　性別：□女　□男

郵遞區號：□□□□□

地　址：＿＿＿＿＿＿＿＿＿＿＿＿＿＿＿＿＿＿＿＿＿＿

聯絡電話：(日)＿＿＿＿＿＿＿＿＿＿(夜)＿＿＿＿＿＿＿＿＿＿

E-mail：＿＿＿＿＿＿＿＿＿＿＿＿＿＿＿＿＿＿＿＿＿＿